STÉPHANE GRANZOTTO

LOUIS-MARIE PREAU

L'ÉDITO

DE **JULIEN PERROT**, FONDATEUR DE LA SALAMANDRE

Un monde angélique ?

« Sous les grands arbres s'épanouissent quelques larges ombelles. Je me rapproche. La plante qui les porte est aussi grande que moi. Ses fleurs généreuses, glacées de nectar et poudrées de pollen, attirent tout un petit peuple de gourmands. D'ailleurs, avec les tiges de cette belle angélique, on fait volontiers des confiseries...

Angélique, le mot est lâché. Je l'ai lu ou entendu à plusieurs reprises, comme un reproche. L'année de ses 40 ans, La Salamandre s'obstinerait-elle à présenter une nature intacte dans un monde idéal, à mille lieues de l'urgence écologique extrême dans laquelle nous mettons notre planète ?

Non, nous ne nous voilons pas la face. Les enjeux ont leur place dans nos colonnes, comme en témoignent de tristes pages dans notre dossier sur les dauphins ou notre infographie sur le déclin des insectes. La gravité de la situation nous interroge aussi sur notre impact environnemental. Elle nous encourage à poursuivre notre soutien financier à des actions pour la biodiversité sur le terrain.

Ni angéliques ni ingénus, je l'espère... mais à la fois lucides et émerveillés nous resterons. Que voulez-vous, c'est dans notre tempérament, dans notre ADN salamandresque. En ces temps troublés, nous avons tous plus que jamais besoin d'énergie positive comme antidote au doute ou au désespoir. C'est encore un cadeau que la nature peut, chaque jour, nous offrir. Et que nous sommes honorés de partager avec vous tous, fidèles lectrices et lecteurs.

COULISSES DE LA RÉDAC

« Il y a quelques années, je photographiais mes premiers dauphins aux Antilles. En ce temps-là, je pensais que les sauts illustraient leur tempérament joueur. En réalité, les comportements de ces cétacés sont bien plus complexes *(> dossier)*. Notre impact sur eux l'est tout autant. Loin des clichés, je suis désormais fasciné par l'écologie encore mystérieuse de ces mammifères.

Théo Tzélépoglou
Corédacteur du dossier *Dauphins, le grand défi*

Mission nature

NEIL ALDRIDGE/REWILDING EUROPE (X4)

Petites bêtes, grosse commission

Dans les Landes de Gascogne, des bousiers ont été réintroduits. Ces scarabées jouent un rôle dans la dispersion de la matière organique.

PAR **THÉO TZÉLÉPOGLOU** theo@salamandre.org

Les lâchers ne concernent pas que les grands animaux emblématiques. Dans la réserve naturelle nationale de l'étang de Cousseau, en Gironde, 30 couples de bousiers ont été réintroduits fin avril. Ce projet a été soutenu par Rewilding Europe, une organisation à but non lucratif qui œuvre au réensauvagement. *« L'espèce a probablement disparu dans les années 1960, en même temps que les vaches marines landaises avec lesquelles elle coévoluait »*, explique Cyril Forchelet, chargé de mission dans cet espace protégé. Ces bovins ont été quasi exterminés suite au déclin du pastoralisme et aux plantations de pins maritimes. Le dernier cheptel a été sauvé en 1987 et une trentaine d'individus broutent désormais dans la réserve afin de garder le milieu ouvert. Le pâturage et le piétinement évitent que les pinèdes ne gagnent du terrain. *« Les vaches ont permis le retour d'une biodiversité de landes et de marais, car ces ruminants ne font l'objet d'aucun traitement sanitaire. La faune autour des bouses est donc très riche »*, précise Cyril.

> *« Pour s'assurer du succès de l'opération, nous avons marqué les individus relâchés. »*

En 2022, 29 espèces de bousiers ont été recensées dans la réserve. *« On a aussi observé la présence de prédateurs de ces insectes, comme le staphylin bourdon ou la pie-grièche écorcheur »*, précise le scientifique.

Dans la famille des bousiers, les espèces ont différentes façons de se nourrir des déjections : manger directement la bouse, creuser des tunnels dans celle-ci ou, plus inventif encore, créer et rouler des boules d'excréments appelées *pilules*. Ces spécialistes baptisés *piluliers* avaient disparu de la réserve.

Pour identifier la bonne espèce à introduire selon l'historique du bousier en Gironde, les gestionnaires ont mené des recherches en lien avec Jean-Pierre Lumaret et Jean-Bernard Huchet, respectivement

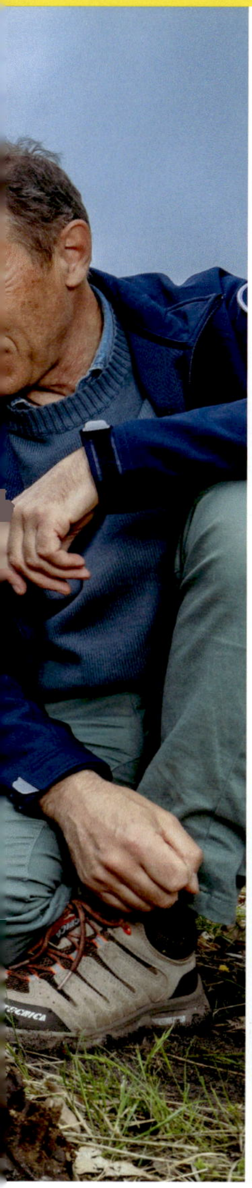

La vache marine landaise est une race rustique adaptée aux landes, marais et sous-bois. Ses déjections profitent aux bousiers et à la santé des sols.

chercheurs au Centre national de la recherche scientifique et au Muséum national d'histoire naturelle. L'heureuse élue, *Scarabaeus laticollis*, roule des pilules avant de les enterrer dans des chambres d'élevage où les œufs seront pondus. Elle participe ainsi à la fertilisation des sols en dispersant la matière organique. Pour accueillir ces drôles d'artisans, l'équipe de scientifiques a veillé à trouver une grande clairière sèche et sableuse, avec une végétation peu dense, qui n'est pas inondée en hiver, et qui est surtout régulièrement fréquentée par les vaches marines. « *Pour s'assurer du succès de l'opération, nous avons marqué les individus relâchés* », ajoute Cyril. Cette identification permettra d'étudier l'installation et la dispersion de ces coléoptères vers de nouveaux sites. « *Les premières observations sont encourageantes, avec des individus vus en train de rouler des pilules.* » Un deuxième lâcher aura lieu l'an prochain afin de renforcer la population.

> bit.ly/BousierCousseau

Pistes éco-logiques

La faim des haricots

« C'est sans queue ni tête ! L'ensemble des troupeaux domestiques pèse 30 fois plus que la masse de tous les mammifères sauvages réunis. Pour produire 1 kg de bœuf, 15 000 l d'eau doivent couler. L'industrialisation galopante de l'élevage carné et laitier grignote les microfermes, les terres arables et les forêts – c'est la première cause de la déforestation – tout en polluant eaux, sols et air. Les océans se vident à coups de pêche intensive et les besoins fondamentaux des animaux de rente sont souvent bafoués.

De quoi se demander comment remplir respectueusement son assiette sans perdre goût à la vie... La recette ? Végétaliser ses repas au mieux et boycotter les produits issus de l'élevage intensif :

- La clé d'un changement durable des habitudes est une progression par petites étapes, sans frustration. Pour réduire ou stopper votre consommation de produits animaux, vous pouvez les remplacer par des substituts végétaux un jour par semaine pour commencer.
- Plutôt qu'appauvrir votre alimentation, sautez sur l'occasion pour diversifier vos menus et laissez-vous surprendre par de nouvelles saveurs. Aidez-vous des conseils de nutritionnistes. Légumineuses, oléagineux, légumes frais et céréales bien dosés et diversifiés sont une source de protéines et de minéraux comparables à la viande.
- Trouvez inspiration et motivation auprès des communautés végétariennes et véganes : blogs, livres de recettes, restaurants ou encore défis collectifs en ligne.
- Choisissez vos produits laitiers, carnés, cosmétiques ou vestimentaires avec discernement. L'agriculture paysanne de proximité, garantissant le plein air, ainsi que le label bio sont à ce jour les plus satisfaisants.

Mission nature

ANTHONY BERTHEOL

ET ÇA MARCHE

Les graines du succès

Plus de 2 millions d'euros ont été collectés suite à l'émission *Aux arbres citoyens !* diffusée sur France 2 en novembre dernier. Trente-neuf projets vont bénéficier de la somme afin de contribuer à la protection et à la restauration forestière. Parmi les lauréats en métropole et en outre-mer, des projets visent à gérer la forêt en s'appuyant sur les dynamiques naturelles, à pérenniser la libre évolution des peuplements, à restaurer ou installer des écosystèmes arborés ainsi qu'à sensibiliser le public.

> bit.ly/CagnotteForêts

LA REVUE DESSINÉE

COUP DE POUCE

Dessiner l'avenir ensemble

Depuis dix ans, *La Revue Dessinée* associe journalistes et dessinateurs pour publier des enquêtes et des reportages en BD. Une formule qui a largement trouvé son public, et à laquelle s'est associé le hors-série S+ de la *Revue Salamandre*. Mais la hausse récente du prix du papier menace l'équilibre financier de ce média indépendant. *La Revue Dessinée* fête sa dixième bougie en cette rentrée 2023, avec un hors-série sur la crise écologique et climatique, *Vertige*. En achetant ce beau magazine, vous soutenez aussi leur rédaction.

> larevuedessinee.fr

FAUSSE BONNE IDÉE

Facture salée

Changement du climat, sécheresses à répétition, la crise de l'eau guette partout. Sur les côtes, la solution du dessalement de l'eau de mer est souvent présentée comme un miracle. Or, transformer une soupe de plancton, de sodium et de chlorure en eau potable a un prix écologique élevé. D'abord, du fait des énergies fossiles souvent mobilisées pour l'opération. Ensuite, les rejets induits sont composés d'une eau plus chaude, hypersalée et bourrée de substances chimiques. Avant d'opter pour cette solution de dernier recours, mieux vaut parer aux fuites des réseaux existants, récupérer les eaux usées, adapter notre agriculture et limiter le gaspillage récréatif des piscines.

> bit.ly/EauDessalee

YANN LE BRIS

THÉO TZÉLÉPOGLOU

ÇA BOUGE !

Fin de partie

Fin mai, le Conseil d'Etat a ordonné au Gouvernement de mettre définitivement un terme à deux chasses traditionnelles. L'annulation des arrêtés de 1989 ne permet donc plus de pratiquer la chasse à la glu et à la tenderie. Ces textes étaient utilisés chaque année comme base juridique pour autoriser ces pratiques. La glu servait à la capture des grives et des merles destinés à servir d'appelants dans cinq départements du Sud. La tenderie, une technique qui utilise des fils, était utilisée dans les Ardennes pour capturer les vanneaux et les grives.

> bit.ly/ChassesTraditionnelles

LE CHIFFRE

1200

C'est le nombre de personnes réunies à Nantes le 21 juin dernier, jour de l'annonce officielle de la dissolution du mouvement des Soulèvements de la Terre par le Gouvernement. D'autres rassemblements de contestation ont eu lieu dans les grandes villes françaises.

> bit.ly/ManifSLT

COMMENT FAIRE

Patouche aux brebis !

En randonnée, il est fréquent de croiser des troupeaux et leurs chiens de protection. Ces patous et autres gardiens veillent au grain face aux prédateurs éventuels, et peuvent parfois paraître agressifs envers les humains. Voici quelques bons réflexes à adopter avec ces canidés.

1. Signalez votre arrivée en parlant au loin. A l'approche du cheptel, contournez-le quitte à sortir un peu du sentier. Si vous êtes à vélo, descendez et poussez-le. Si la présence de votre chien est autorisée, tenez-le en laisse pour qu'il ne s'approche pas du bétail.
2. Si un chien vous aborde malgré ces précautions, c'est pour évaluer un potentiel danger. Ne tentez pas de le caresser, de le nourrir ou de prendre des photos. Ne le fixez pas dans les yeux, ce qui le mettrait au défi.
3. Le gardien grogne ou aboie ? Ne brandissez pas votre bâton et ne lui jetez pas des pierres. Ne vous mettez pas à courir, car cela l'inciterait à vous poursuivre. Eloignez-vous tranquillement.
4. Il peut arriver qu'il vous accompagne durant un bout de chemin jusqu'à ce que vous ayez dépassé ses protégés. Parlez-lui alors calmement et attendez que sa visite de contrôle se termine.

THÉO TZÉLÉPOGLOU

EN 10 LIGNES

ATTENTIONNÉ Chez l'albatros hurleur, mâles et femelles se relaient au nid. Les individus en couple avec un partenaire âgé écourtent leur recherche de nourriture pour éviter à leur fidèle moitié un jeûne trop prolongé. Ecology and Evolution **PROLIFIQUE** Une expédition scientifique à bord du voilier Tara a révélé un incroyable foisonnement de micro-organismes procaryotes sur les récifs coralliens de l'océan Pacifique. Leur diversité serait comparable à celle que l'on estimait à ce jour pour la planète entière. Nature Communications **LIBRES !** Un suivi GPS effectué à travers le monde sur 2 300 mammifères de 43 espèces a montré que les animaux se sont déplacés plus près des routes durant les confinements dus au Covid-19. L'évitement serait davantage lié au trafic routier qu'à la présence d'infrastructures. Science **CHOU** Une étude menée par l'Université de Zurich a démontré que le chou sauvage est capable de s'adapter aux pollinisateurs locaux. Il ajuste la composition de son nectar et son odeur, probablement en variant l'expression de ses gènes. Molecular Biology and Evolution **SSSOURDS ?** Le mythe selon lequel les serpents ne réagissent pas aux sons aériens, mais seulement aux vibrations du sol, a été réfuté par une expérimentation. Posture défensive, éloignement, agitation… divers comportements ont été observés en soumettant des espèces australiennes à une gamme de fréquences équivalente à la voix humaine. PLoS ONE

13 AOÛT

La barbe !

Une rosette de feuilles ventrues emberlificotée dans une sorte de toile d'araignée ? En voilà une plante grasse bien curieuse ! Vous rencontrerez la joubarbe aranéeuse en montagne, agrippée aux rochers et éboulis. On pense que les fils blancs produits par ses feuilles la protègent des UV. Agée de 2 à 3 ans, elle monte littéralement en fleurs, hissant ses étoiles roses sur une longue hampe.

CLAIRE FELLONI

26 AOÛT

Bonne nuit

En fin d'été, deux objectifs chez les chauves-souris : faire des rencontres amoureuses et se bâfrer en vue de l'hiver. La nuit tombante est propice à leur observation. Admirez par exemple le bal des murins de Daubenton chassant au ras de l'eau. Ou familiarisez-vous avec ce monde fascinant lors de la Nuit internationale de la chauve-souris, le dernier week-end d'août.

JEAN CHEVALLIER

4 SEPTEMBRE

Pas belle la vie ?

Sur les ombelles des carottes sauvages, berces et autres apiacées, vous ne pouvez pas louper la punaise arlequin. Relax sur sa terrasse, cette gourmande transperce et suce *à la paille* les graines de ses plantes favorites. On peut aussi surprendre les couples tête-bêche ; leur union peut durer des heures. A quoi bon se cacher quand son costume annonce d'emblée la couleur aux prédateurs : *Goût infect, pas la peine d'essayer.*

GAËTAN DU CHATENET

MIKA WIST

PROPOS RECUEILLIS PAR **SOFIA MATOS** sofia@salamandre.org

Comment se forment les étoiles filantes ?

LA RÉPONSE DE
Sylvia Ekström
astrophysicienne et collaboratrice scientifique au département d'astronomie de l'Université de Genève.

Leur nom est un peu trompeur, car ce ne sont pas des étoiles baladeuses. Mais des poussières venues de l'espace qui s'enflamment en entrant dans la haute atmosphère. Pouvant parfois filer à plus de 100 000 km/h, ces particules de la taille d'un grain de sable ou d'un gravier s'échauffent à cause du frottement avec les gaz qui entourent notre planète. En se consumant, elles laissent derrière elles une traînée lumineuse, parfois colorée... et même bruyante !

Peuvent-elles toucher terre ?

Non, ces poussières cosmiques sont trop petites et se vaporisent intégralement dans l'atmosphère, à une centaine de kilomètres du sol, soit 20 fois l'altitude du mont Blanc. En revanche, de plus gros corps célestes ne se désintègrent pas toujours en entier. On peut en retrouver des fragments sur Terre, appelés *météorites*. Ils sont en général issus d'astéroïdes, vestiges du système solaire primitif consti-

Une étoile filante (photo) résulte de la désintégration d'une poussière, tandis qu'un satellite artificiel en orbite autour de la Terre est rendu visible par la lumière du soleil qu'il reflète.

tués de roches ou de métaux. Pour qu'un tel objet atterrisse intact, il doit dépasser la taille d'un autobus. Ce qui est extrêmement rare.

Pourquoi les étoiles filantes sont-elles si nombreuses au mois d'août ?

Dans sa course autour du Soleil, la Terre croise parfois l'orbite d'une comète* qui laisse sur son passage un nuage concentré de poussières. La rencontre donne naissance à des pluies d'étoiles filantes, qui se répètent chaque année à la même période. Durant l'été de l'hémisphère nord, on passe dans la nuée de la comète Swift-Tuttle. Son dernier passage date seulement de 1992, ce qui explique l'intensité du spectacle, avec un apogée vers le 12 août. Elle reviendra en 2126. C'est un phénomène atmosphérique local, mais les traînées lumineuses donnent l'impression de provenir de la constellation de Persée. D'où leur petit nom de *Perséides*. En octobre, c'est au tour des Orionides, en novembre des Léonides, etc.

Comment augmenter ses chances d'en observer ?

Renseignement pris sur les dates annoncées pour les pluies d'étoiles filantes, rendez-vous sous un ciel le plus noir possible. L'idéal est une nuit sans lune, en altitude, loin de la pollution lumineuse. Ou au moins dans une commune qui prend soin d'éteindre son éclairage public. Installez-vous confortablement dehors, dans un transat, avec une couverture, et... attendez que la magie opère.

***comète** *nom f.*

Corps céleste constitué de glaces et de poussières. Venant des confins du système solaire, il gravite autour du Soleil selon une trajectoire elliptique. A proximité de notre étoile incandescente, cet amas dégage poussières et gaz qui forment deux queues lumineuses orientées selon le vent solaire et pouvant s'étendre sur plusieurs millions de kilomètres.

Noyé dans la masse

Franquette, Bad Ragaz, Marbot, Bijou, Fenalet… la recherche agronomique a créé des centaines de variétés de noix. Mais les noyers n'ont pas attendu l'être humain pour assurer leur diversité génétique. Sur un même arbre, les fleurs mâles et femelles fleurissent habituellement de façon asynchrone, ce qui limite l'autofertilisation et favorise la pollinisation entre différents individus.

Les douze faces de la noix

Pourvoyeur de friandises divines ou sinistre empoisonneur, bête de somme ou atout pour l'avenir, le noyer présente de multiples visages. Portrait.

TEXTES **LUCAS MICHELOT** DESSINS ET NOTES DE TERRAIN **MAÉVA ARNOLD** ✉ redaction@salamandre.org

La poussière du chemin de campagne s'envole en volutes sèches derrière mon vélo. Quelle chaleur ! Sans un nuage pour voiler ses rayons, le soleil s'en donne à cœur joie. Et moi, je transpire en espérant trouver un abri contre sa morsure, au milieu de vastes champs jaune paille. J'aperçois un arbre providentiel accolé à un grand corps de ferme. Quelques coups de pédales et je me glisse enfin sous son ombre, comme dans un bain d'eau fraîche. Premier réflexe, j'examine mon hôte avec mes yeux de botaniste. Grise écorce fissurée, larges feuilles composées… Aucun doute, je me trouve sous un noyer.

Bon, mais cela ne m'en dit pas beaucoup sur lui. Alors, tout en étirant mes mollets fourbus, je m'amuse à changer de regard pour découvrir les multiples personnalités de mon hôte. »

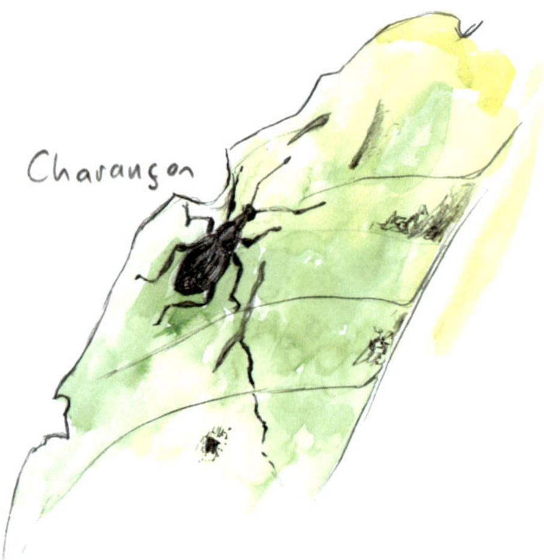

Poudre aux cieux

Petite devinette : à votre avis, combien un noyer adulte produit-il de grains de pollen chaque année ? Réponse : neuf milliards ! Un chiffre énorme, mais nécessaire pour compenser les pertes. Comme toutes les plantes dites *anémogames*, le noyer confie au vent le soin de disperser la précieuse poudre. Un moyen de transport gratuit, mais très aléatoire.

»» • **Le refuge** Mon premier ressenti est bien concret : cet arbre de pleine lumière m'offre un répit pour mes jambes endolories et une ombre bienvenue contre la brûlure du soleil. Merci !

• **Le souvenir** Ah, l'odeur des feuilles de noyer... Cette *madeleine de Proust* me rappelle l'époque où mon père m'apprenait à reconnaître les arbres par leurs feuilles, leur écorce, leur odeur... et surtout à l'aide de calembours mnémotechniques aussi foireux qu'efficaces. Aujourd'hui, celui-ci me revient à l'esprit : *« Avec ses feuilles en forme de nageoires, il ne peut pas se noyer ! »*

• **Le personnage** A vue de nez, les larges branches de mon hôte doivent atteindre un peu plus de 20 m de haut, presque un record pour cette espèce. Quel âge peut-il avoir ? 100 ans, 200 ans ? Il est sûrement né à la même époque que la ferme qu'il côtoie.

• **L'empoisonneur** Sous ses dehors inoffensifs, je sais que le noyer cache un sombre secret. Chaque partie de son corps contient une substance bien particulière, la juglone, que la pluie fait ruisseler jusque dans le sol. Funeste nouvelle pour les plantes qu'il surplombe, car cette molécule entrave méchamment leur germination et leur croissance. Pas très *fair-play*, mais diablement efficace pour limiter la concurrence.

• **Le superstitieux** Ignorant tout de la juglone, les savants de l'Antiquité avaient décrété l'ombre de ce feuillu toxique pour quiconque oserait s'y aventurer. Encore aujourd'hui, on l'accuse parfois de provoquer migraine, malaises ou folie chez qui aurait l'audace de s'aventurer sous ses branches. Une réputation tenace, mais fallacieuse, heureusement pour moi.

• **Le métisse** Chassé d'Europe par le dernier âge glaciaire, le noyer n'est revenu depuis ses bastions orientaux que durant les derniers millénaires. Grâce notamment aux plantations humaines. Des études génétiques récentes ont cependant montré qu'il avait subsisté à l'état sauvage dans quelques refuges méditerranéens. Mon hôte est donc un descendant métissé de ces survivants et d'arbres importés d'Asie.

• **Le gourmand** Comment parler du noyer sans parler des noix ? Hop, j'en sors quelques-unes de mon sac : goûtues, nourrissantes *(> Panacée mais presque)*, protégées dans leur emballage individuel, ces petits casse-croûtes accompagnent très souvent mes promenades.

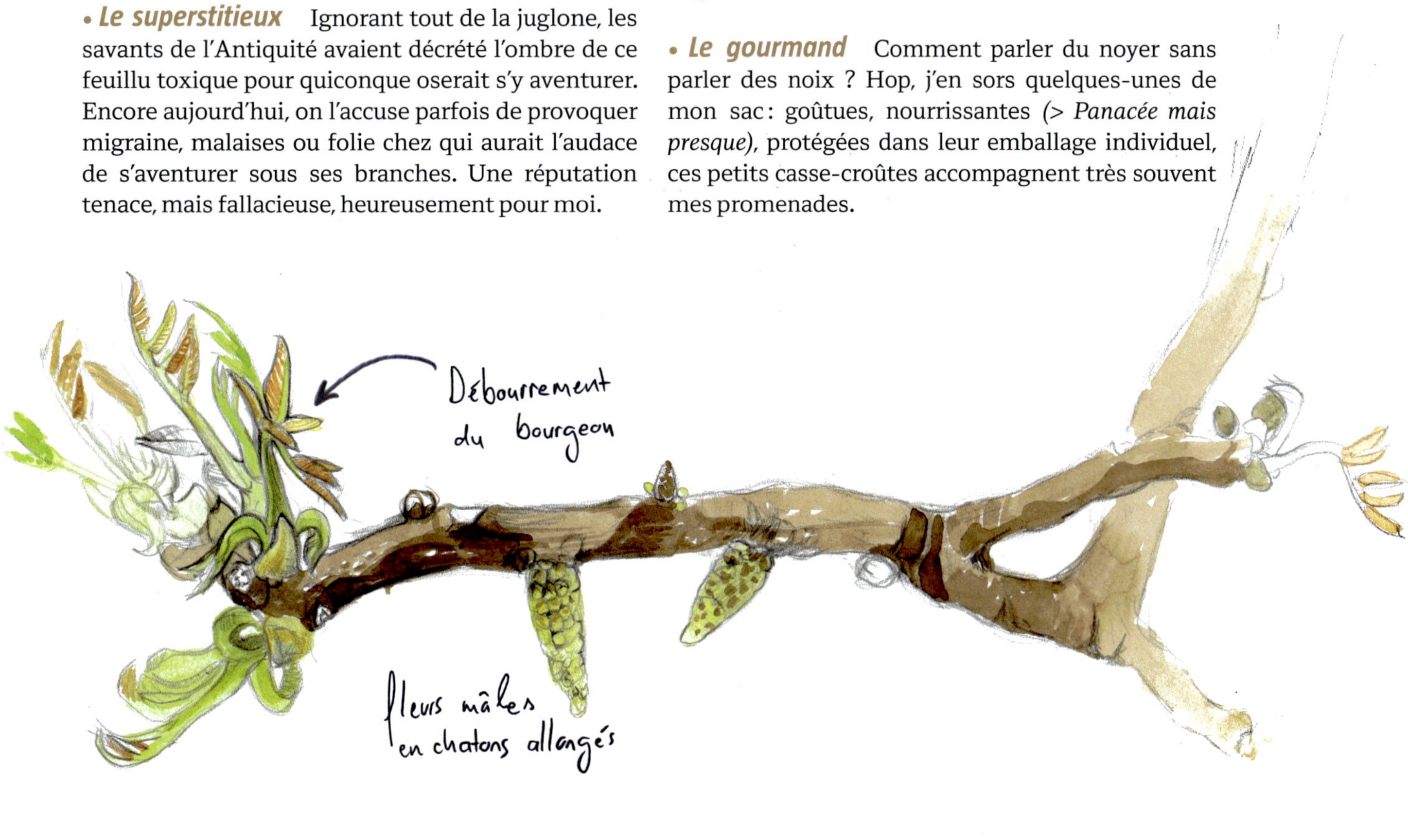

• ***Le noble*** Mets luxueux durant l'Antiquité, les noix étaient échangées à prix d'or le long de la route de la soie, et sur les navires marchands qui sillonnaient la Méditerranée. Les Romains tenaient ce fruit en si haute estime qu'ils l'appelaient le *gland royal de Jupiter*. Une formule que l'on retrouve dans le nom scientifique actuel de l'espèce : *Juglans regia*.

• ***Le nourricier*** Parfaites pour s'engraisser avant l'hiver, les noix sont précieusement recherchées par les écureuils, pics, fouines, muscardins et autres gourmets. Mais encore faut-il réussir à les ouvrir ! Rusés comme pas deux, corneilles et corbeaux s'envolent au-dessus des routes, butin au bec, avant de le lâcher pour qu'il éclate sur le bitume.

• ***L'exploité*** Deuxième culture de fruit la plus étendue de France après les pommiers, les noyers n'échappent pas à l'industrialisation de l'agriculture. Serrés comme des sardines, arrosés de pesticides, 70 % de ces arbres appartiennent à une seule variété – la Franquette – et 80 % de la production est exportée vers l'étranger, à grand renfort de pétrole.

• ***L'allié*** En les mêlant judicieusement aux cultures, les noyers diminuent un poil les rendements à leur proximité, mais apportent une protection précieuse contre le vent et la sécheresse. Sous leurs branches, les plantations de fruits rouges – auxquelles on peut ajouter des poules qui gambadent – ne craindront pas leur ombre. Un mélange d'essences plus propice à la biodiversité et plus résilient que les grandes monocultures.

• ***Le chamboulé*** Le dérèglement climatique rebat les cartes géographiques. Favorisés par les hivers doux, les jeunes noyers s'installent de plus en plus au nord et en altitude, mais peinent à s'épanouir là où les sécheresses estivales deviennent la norme. Des petits noyers pourront-ils encore naître autour de mon protecteur du jour dans cinquante ans ? Je l'espère.

Je pourrais sûrement poursuivre cette liste, mais le soleil descend vers l'horizon et il me reste un peu de route. Tout en remontant en selle, je jette un dernier coup d'œil sur son tronc massif, ses hautes branches et ses feuilles lumineuses. *Bye bye*. ■

Panacée mais presque

Véritables trésors nutritionnels, les noix contiennent entre 60 et 75 % d'huile riche en oméga 3 et 6 et 13 à 19 % de protéines, ainsi qu'une foule de vitamines et de minéraux. Nourrissantes et équilibrées, elles accélèrent le sentiment de satiété, tout en fournissant quantité d'énergie et de nutriments essentiels. Réputées depuis des millénaires pour soigner toutes sortes de maux, leur efficacité a été largement prouvée pour diminuer les risques de maladies cardio-vasculaires, de rhumatisme, de diabète, d'obésité et de cancer. Rien que ça !

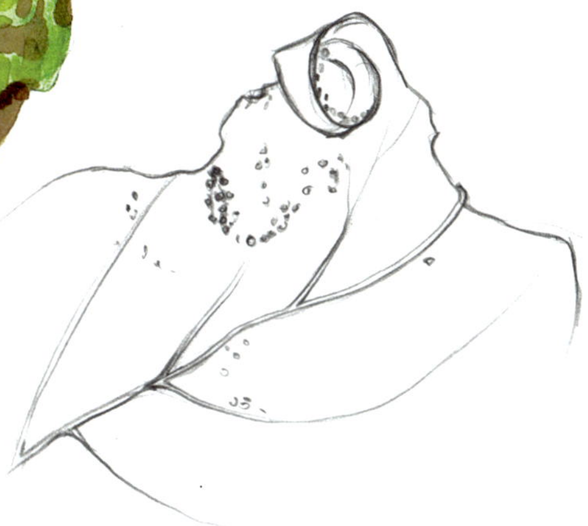

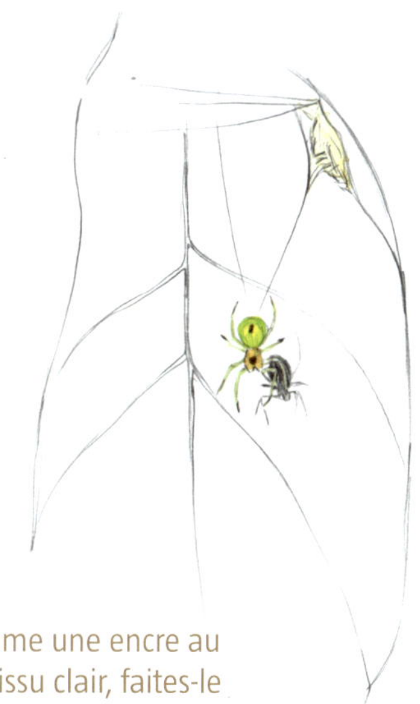

Encre de brou de noix

Le brou de noix, un colorant naturel extrait de l'écorce, peut être utilisé comme une encre au pinceau ou à la plume sur du papier ou du bois non verni. Pour teindre un tissu clair, faites-le tremper vingt-quatre heures dans la mixture. Essorez-le, laissez sécher puis passez-le une fois à la machine avec des tissus foncés avant de le porter.

- Lors de votre récolte de noix, récupérez les brous, l'enveloppe charnue du fruit, devenus noirâtres. Attention, ils tachent fort les doigts et les vêtements !

- Remplissez une petite casserole de brous à moitié, couvrez d'eau et laissez mijoter pendant trois à quatre heures avec un couvercle.

- Laissez refroidir puis filtrez le jus à travers une étamine fine ou un filtre à café.

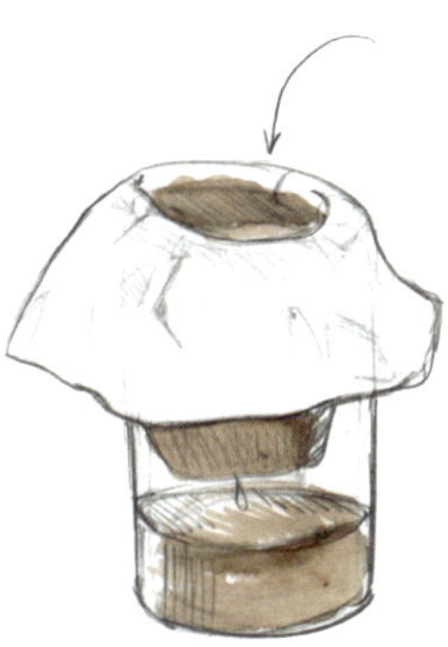

- Vous pouvez épaissir l'encre ainsi obtenue en y ajoutant du miel non cristallisé, à raison d'une cuillère à soupe pour un bocal de confiture.
- Stockez l'encre dans un bocal en verre. Attention, elle a tendance à moisir après quelques mois, mieux vaut donc l'utiliser rapidement.

Le silence des insectes

Qu'ils nous paraissent fascinants ou repoussants, les insectes sont d'une diversité époustouflante et essentielle à tous les écosystèmes. Pourtant, ils déclinent à un rythme dramatique. Leur taux d'extinction serait huit fois plus rapide que celui des vertébrés. Explications.

COORDINATION ET TEXTES **THÉO TZÉLÉPOGLOU** INFOGRAPHIE **STÉPHANIE WAUTERS**
theo@salamandre.org

POPULATIONS EN CHUTE LIBRE

- 76 % de la biomasse d'insectes volants
Dans 63 sites protégés durant 27 ans (Allemagne)

4/10 part des espèces d'insectes en déclin
Sur 73 sites d'études à l'échelle mondiale

- 78 % de l'abondance des arthropodes
En 11 ans (Allemagne)

- 34 % d'espèces d'arthropodes
Dans les prairies et forêts en 9 ans (Allemagne)

- 97 % 
de collisions sur les pare-brise
Trajets de 25 km entre 1997 et 2017 (Allemagne)

PRINCIPALES CAUSES DU DÉCLIN

Par ordre d'importance

1 AGRICULTURE INTENSIVE

- 50 %
baisse des effectifs de papillons des prairies en Europe en 20 ans

- 46 %
baisse de la diversité des bourdons d'Europe en 75 ans

- 57 %
déclin des populations d'oiseaux insectivores des milieux agricoles

3/4
part des plantes cultivées dépendant de la pollinisation

2 PERTE D'HABITAT

9/10
part des zones humides asséchées dans le monde

7/10
part des prairies disparues dans le monde depuis 1930

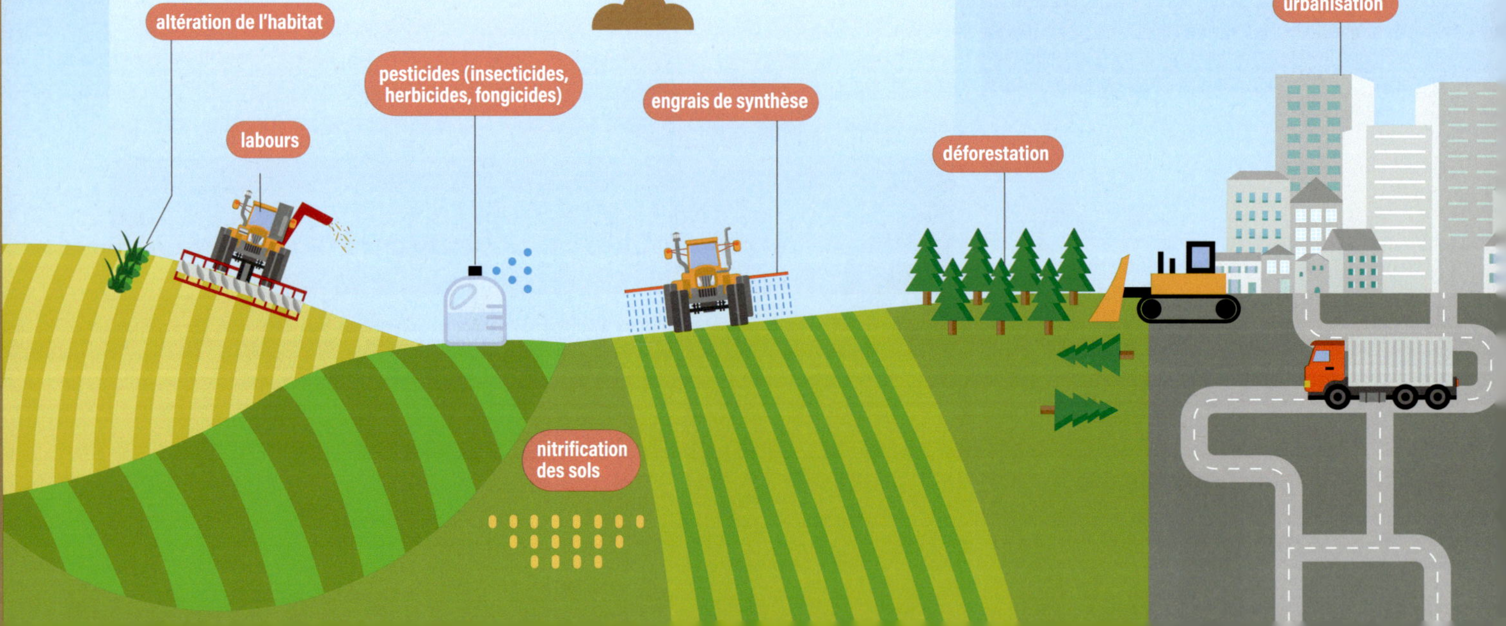

SOURCES : IPBES, PNAS, INRAE, MNHN, CNRS, INFOFAUNA - CSCF, PLOS ONE, SCIENCEDIRECT, GLOBAL CHANGE BIOLOGY, PEER COMMUNITY JOURNAL, BIOLOGICAL CONSERVATION.

POLLINISATEURS EN DÉCLIN

A l'échelle européenne

Azuré du serpolet

9 % part menacée de la diversité des papillons et abeilles

3/10 part des effectifs de papillons disparus en 30 ans

- 37 % déclin des effectifs d'abeilles

4/10 part des espèces d'abeilles menacées selon les listes rouges nationales

À LA MAISON AUSSI...

Ces neurotoxiques peuvent couler le long du cou de l'animal et se répandre dans les prairies, lacs ou rivières.

BONNES PRATIQUES

- Planter des fleurs et arbustes mellifères
- Laisser des tas de feuilles/bois mort
- Tondre moins souvent et en échelonnant
- Laisser des zones en friche
- Préférer la lutte biologique à la chimie

Colin Fontaine
Chercheur au Centre d'écologie et des sciences de la conservation du Muséum national d'histoire naturelle de Paris.

Le déclin des insectes fait-il consensus dans la littérature scientifique ?

La très grande diversité de ces animaux rend toute synthèse très complexe. Il y a très peu de données anciennes sur la question, et la plupart des études phares sur le sujet s'intéressent à l'évolution de la biomasse plutôt qu'à celle d'espèces en particulier. Cette hétérogénéité explique que les travaux montrent des résultats parfois différents. Des populations peuvent augmenter par endroits et d'autres diminuer ailleurs.

Le phénomène général est tout de même avéré ?

Oui, des études solides le prouvent. Je pense par exemple à celle qui compare la richesse en espèces des papillons de France au fil du temps. Pensons aussi à l'étude récente sur le déclin spectaculaire des oiseaux des milieux agricoles. Elle est solide et a été faite sur un laps de temps très long. Comme ces oiseaux se nourrissent globalement d'insectes, c'est une confirmation indirecte du constat des entomologistes.

Comment enrayer ce déclin ?

Il faut s'attaquer aux causes. Transformer l'agriculture productiviste qui dégrade les habitats semi-naturels et qui pollue les milieux. Le plan national pollinisateurs est encourageant, mais la hausse de productivité souhaitée dans les exploitations agricoles en France ne va pas dans le bon sens pour les insectes. Il en est de même de la réduction des contraintes environnementales visant à maintenir la compétitivité économique à tout prix.

3 POLLUTION

4/10 espèces d'insectes d'eau douce menacées par les rejets agricoles, industriels et domestiques

- 62 % réduction de la pollinisation des fleurs éclairées la nuit

pollution sonore
Altère la communication acoustique des insectes

pollution de l'air
Affecte les phéromones (communication, reproduction)

4 FACTEURS BIOLOGIQUES

espèces exotiques envahissantes (EEE)

Introductions de champignons, insectes et plantes par le commerce mondial. Concurrence avec les espèces autochtones.

3/4 part des EEE de France présentes sur les îles d'outre-mer

5 CHANGEMENT CLIMATIQUE

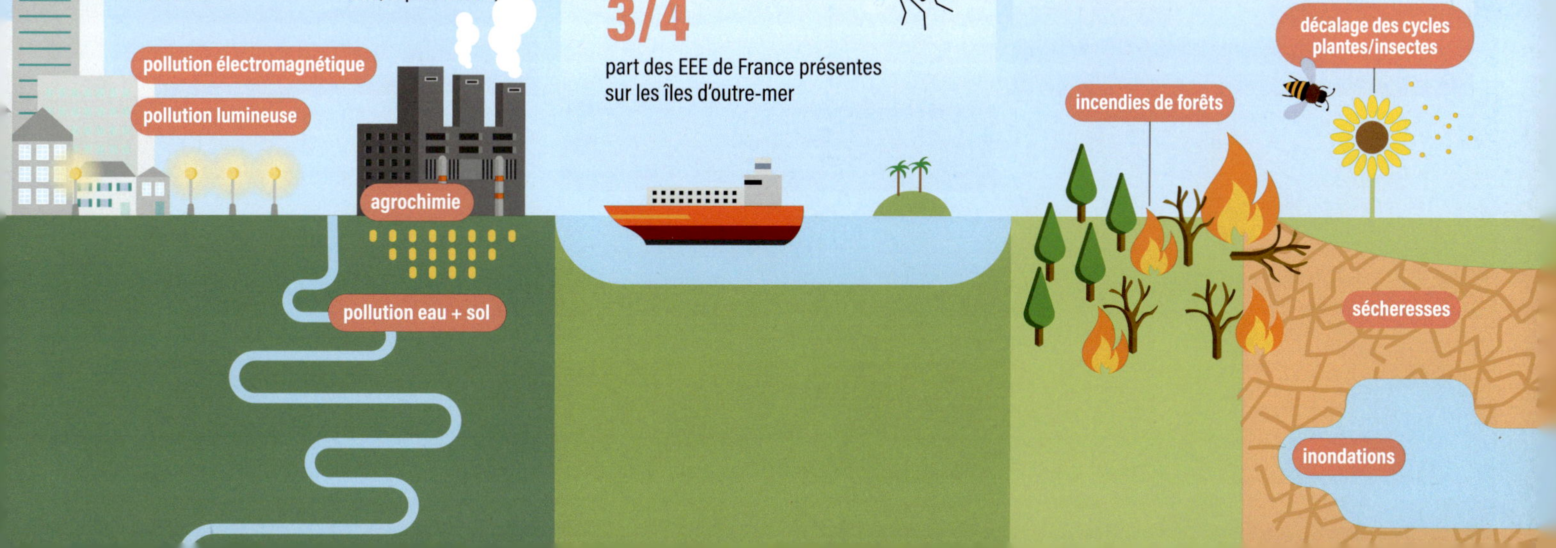

A la pêche au balbuzard

Louis-Marie Préau documente depuis plusieurs années la recolonisation de la Loire par le balbuzard pêcheur. Il pratique l'affût flottant pour être au plus près de ce rapace.

PROPOS RECUEILLIS PAR **CAMILLE BELSOEUR** camille@salamandre.org

Louis-Marie Préau
loirenature.fr

Photographe professionnel depuis 2001, Louis-Marie Préau sillonne très régulièrement deux sites naturels remarquables : la vallée de la Loire et les basses vallées angevines. Originaire de la région, il a été trois fois primé au prestigieux Wildlife Photographer of the Year organisé par la BBC.

« J'apprécie la Loire à la fin de l'été, le paysage est très esthétique dans les basses vallées angevines situées dans l'ouest de la France. Le niveau de l'eau est bas et on devine comme des dessins dans le lit du fleuve. Ce sont les courants qui s'infiltrent dans le sable mouvant et créent des formes particulières. J'utilise un drone pour obtenir un point de vue vraiment différent sur ce paysage. Vu du ciel, on croirait voir des arbres flotter dans l'eau (> *photo Arbres imaginaires*).

La Loire est relativement sauvage. Un important combat écologique a été mené avec succès dans les années 1970 contre la construction de barrages. Des installations hydroélectriques existent cependant plus en amont sur le cours du plus grand fleuve de France. Grâce au maintien d'un régime hydrique quasi naturel, la vie foisonne. Le long des berges, les populations de guêpiers sont florissantes et la diversité des hérons impressionnante. Le rarissime râle des genêts trouve même ici son bastion national. Mon oiseau fétiche, le balbuzard, profite des eaux poissonneuses de la large rivière. C'est le seul rapace strictement piscivore. J'apprécie aussi son histoire. Après un siècle d'absence, il niche à nouveau en France continentale depuis les années 1980. Le balbuzard s'arrêtait cependant encore sur la Loire lors de ses migrations de la Scandinavie vers l'Afrique. Les premiers qui ont recolonisé la région ont niché vers Orléans. Ces dernières années, l'oiseau a largement reconquis l'aval. On le retrouve désormais jusqu'en Brenne. En France, environ 150 couples sont présents. L'Allemagne, par exemple, en compte un millier. »

Les deux pêcheurs : martin et balbuzard

Pris en chasse par des corneilles noires

Arbres imaginaires

Un balbuzard se lave les serres

Du haut de son pylône

Pour nicher, le balbuzard apprécie dominer le paysage et disposer d'un support stable. Le long de la Loire, de plus en plus de couples choisissent donc d'installer leur nid sur… des pylônes électriques. En effet, ces constructions en métal fournissent des caractéristiques analogues aux arbres ou falaises, qu'il affectionne à l'origine. Dans certains départements (Maine-et-Loire, Sarthe), le premier couple nicheur s'est justement installé sur un pylône.

La pie et le balbuzard
Maine-et-Loire, le 29 septembre 2006 à 11 h 00.

» C'est un oiseau magnifique à voir quand il plonge. Aussi étonnant que cela puisse paraître, j'aime la dimension sonore de sa pêche. L'oiseau frappe l'eau, il peut même parfois complètement s'immerger. En septembre, c'est une bonne période pour l'observer. La migration bat son plein. Il redescend du nord de l'Europe pour aller en Afrique où se situent ses aires d'hivernage. En général, le *balbu*, comme on l'appelle parfois, stationne plus longtemps sur les bords de la Loire à cette période que lors de sa migration printanière. A l'automne, il est en famille avec les jeunes de l'année. Les immatures suivent les adultes et apprennent à pêcher.

J'aime photographier ces redoutables pêcheurs quand le niveau du fleuve est bas. Les poissons piégés sont assaillis par le balbuzard et d'autres prédateurs venus du ciel. Je peux ainsi assister plus facilement à des scènes de pêche.

Ce fameux jour de septembre, j'étais en affût flottant, une structure gonflable dans laquelle je suis camouflé et qui me permet de me mouvoir silencieusement au ras de l'eau. J'étais tout proche de la rive, quand j'ai vu un balbuzard s'approcher avec un gros mulet dans les serres. Il avait du mal à le déplacer. Soudain, quatre ou cinq pies sont venues tourner autour de lui. J'ai déclenché au moment où l'une d'entre elles s'est approchée davantage pour tenter de l'effrayer. Finalement, elles n'ont pas réussi à lui chiper son poisson. ■

Un retour en Suisse ?

Espèce cosmopolite, le balbuzard pêcheur avait disparu d'une large partie de l'Europe de l'Ouest et centrale au cours du XXe siècle, notamment à cause de la chasse que lui menaient les pêcheurs. S'il a fait son retour dans certains pays, *Pandion haliaetus* est toujours éteint comme nicheur en Suisse où la dernière nidification date de 1911. Un projet de réintroduction est cependant en cours depuis 2016 avec des lâchers réguliers dans la région des Trois-Lacs. Deux femelles relâchées en Suisse se sont déjà reproduites en France et en Allemagne et plusieurs mâles sont revenus à la belle saison sur les abords des lacs de Neuchâtel, Bienne et Morat.

CULTURA CREATIVE RF / ALAMY

Dauphins, le grand défi

Animal populaire par excellence, le dauphin se résume souvent à une pirouette en l'air sur fond de soleil couchant. Stop au cliché ! Derrière cette image se cachent une riche diversité, des modes de vie époustouflants et tant d'enjeux de protection des océans. Si *Flipper* a fasciné les adeptes du petit écran, le héros apprivoisé n'a pas empêché le destin funeste de ses cousins sauvages. Aujourd'hui encore, à l'autre bout du monde comme sur les côtes européennes, les dauphins meurent et les solutions peinent à émerger.

Plongeons entre Méditerranée et golfe de Gascogne, où des ONG se démènent sans relâche pour sauver ces fabuleux ambassadeurs des mers.

UN DOSSIER DE **THÉO TZÉLÉPOGLOU**, **JEAN-PHILIPPE PAUL** ET **ANNE-SOPHIE NOVEL** redaction@salamandre.org

Surveillance en mer du milieu

Proches des côtes et loin des regards, de nombreux cétacés sillonnent le littoral méditerranéen. Fin mars, des scientifiques de l'association Miraceti sont partis sur la piste des grands dauphins, dans le golfe du Lion. Notre journaliste a accompagné l'équipe durant trois jours.

Samedi 8 mars 2023, 16 h. A mesure que je m'éloigne de la voiture, je vérifie mentalement ne rien avoir oublié. Crème solaire, sac de couchage, polaire, casquette... tout y est. Sac de randonnée au dos, j'ai plutôt l'habitude de prendre de la hauteur. Mais cette fois, il s'agit de prendre le large. « *Le bateau s'appelle le* Ti Blé, *il est le long du quai, tu ne peux pas le louper* », me dit Hélène au téléphone. Le port des Saintes-Maries-de-la-Mer, en Camargue, est désert. Pas étonnant pour la saison. Une multitude de mâts sont agglutinés aux abords de la capitainerie. Le vent frais dans les cheveux, je remarque les entrées maritimes responsables de l'épaisse couche de nuages texturés qui calfeutrent le soleil. Au bout du ponton, j'aperçois du mouvement sur un catamaran. A son bord, des scientifiques de l'association Miraceti se préparent en vue du départ imminent de l'expédition. Leur but est de chercher les grands dauphins pour mieux connaître les populations et ainsi mieux les protéger. Hélène Lambach, cétologue et directrice de l'association, m'accueille et me présente l'équipage. J'embarque à bord de leur univers. Nous serons donc sept paires d'yeux à guetter l'horizon. Départ prévu le lendemain très tôt après une nuit au port.

Claire repère le premier dauphin de la journée, à la grande joie de Laurine et Hugo.

Miraceti a été créée en 2020 suite à la fusion de trois associations historiques de protection des cétacés en Méditerranée. Aujourd'hui, l'équipe de sept scientifiques étudie les populations de ces animaux et les menaces qui pèsent sur eux. L'ONG apporte son expertise aux politiques publiques locales, nationales et internationales, ainsi qu'aux professionnels dans l'élaboration et la mise en œuvre de stratégies de conservation. Elle mène également des actions de sensibilisation du grand public.

Lever aux aurores. Il est 7 heures. Après un petit déjeuner express, nous nous dirigeons vers la sortie du port. Cap vers le sud-est, à 40 miles nautiques dans le golfe du Lion, soit à environ 70 km de la côte. Objectif : repérer les ailerons des grands dauphins au sein de cette immensité bleue d'apparence uniforme et dépourvue de tout panneau de signalisation. A la barre, Jérôme, un Breton d'adoption, est le capitaine du *Ti Blé* pour la cinquième mission consécutive. A ses côtés, Hélène examine paisiblement l'horizon. *« Le grand dauphin est la seule espèce de cétacé résidant à l'année le long des côtes françaises en Méditerranée. Nous voulons mieux connaître sa répartition saisonnière et l'impact des activités humaines sur ce mammifère marin »,* explique-t-elle.

La rencontre

Sur le pont, l'*effort* débute. Il s'agit du terme utilisé pour le travail rigoureux qu'exige ce suivi. Claire et Hugo scrutent la surface à la recherche du moindre aileron suspect. Laurine se charge d'observer à la proue.
Une mer d'huile et le soleil levant se dessinent au large.Quand soudain, après seulement quelques minutes en mer, Claire s'exclame : *« Dauphin à bâbord ! »* Une joie pour Tom, qui revient bredouille d'une semaine d'observation. Ni une ni deux, l'équipe bien rodée s'active. Jérôme vire de bord et approche précautionneusement le banc de huit dauphins qui ondule dans la zone. Nous comptons cinq jeunes d'âges différents grâce à leurs tailles variables. Munis de longs téléobjectifs, Laurine, Tom et moi photographions les ailerons des dauphins qui ressortent parfois à la surface. *« On arrive à différencier les individus en fonction des détails visibles sur cette nageoire dorsale. Il faut une*

photo du côté gauche et une autre du côté droit. On les compare ensuite avec celles de notre banque d'images, pour identifier les dauphins et les groupes que nous avons vus par le passé, détaille Hélène sans quitter des yeux le banc qui s'éloigne. *Cette méthode dite de* capture-marquage-recapture *demande un travail colossal, puisqu'on a déjà recensé plus de 1 500 individus. »* »»

PHOTOS : THÉO TZÉLÉPOGLOU

PHOTOS : THÉO TZÉLÉPOGLOU

››› Un spécimen très démonstratif se propulse hors de l'eau. « *C'est probablement une femelle gestante* », me confie Hélène en regardant l'écran de mon appareil photo. D'autres nagent côte à côte et se rapprochent d'un petit bateau de pêche. « *Ils doivent être en train de chasser* », déduit la scientifique en pointant les poissons qui bondissent à la surface afin d'échapper à la

gueule des prédateurs. Ces derniers ont beau être au sommet de la chaîne alimentaire, ils n'en demeurent pas moins vulnérables aux activités humaines. « *Leur régime alimentaire piscivore et leur comportement opportuniste sont à l'origine de nombreuses interactions avec les activités de pêche. On estime que 30 % des blessures observées chez les individus échoués sont dues aux captures accidentelles* », indique Hélène. Le chalutage de fond, qui consiste à laisser traîner un filet tiré par un bateau, peut aussi entraîner une diminution des ressources disponibles pour ces delphinidés. « *Dans le golfe du Lion, les vastes étendues sableuses sont propices à de telles pratiques...* », déplore-t-elle.

Pour la cétologue, la pêche aux informations dure depuis dix ans. En 2013, les scientifiques ont commencé à recenser et comprendre les populations du littoral. « *On s'est aperçu qu'il y avait des communautés différentes de dauphins dans le golfe du Lion, en Provence et en Corse. On a donc proposé une stratégie de suivi sur toute la façade méditerranéenne.* » Cette étude perdure au travers des projets TURSMED 1 et 2, et s'achèvera à la fin de l'année 2023. « *On a quand même parcouru plus de 20 000 km. Ça correspond à la moitié de la circonférence de la Terre !* », s'exclame Hélène.

Jour de chance

L'après-midi, l'eau fait office d'immense miroir qui reflète les rayons de l'astre sur les visages exposés. La côte est désormais invisible depuis notre embarcation, seul perdure l'horizon monochrome. Dans cet état de flottement, le bruit blanc de la radio qui relie tous les navires me rappelle l'existence de notre société infatigable. Tom et Hélène préparent le repas que l'équipage prendra à tour de rôle. Pour ma part, j'ai encore le petit déj' sur l'estomac. Le calme a fait redescendre l'excitation du matin, je tente alors d'oublier mon mal de mer. Il semble que je m'amarine. L'huile essentielle de menthe poivrée, un antivomitif naturel, semble faire effet. J'y ajoute

Le grand dauphin est listé dans la directive européenne habitats. Il doit donc faire l'objet de mesures de conservation et bénéficier de zones de quiétude. Miraceti contribue à cet objectif. L'attention dont bénéficie le mammifère en tant qu'*espèce parapluie* bénéficiera à d'autres cétacés et plus largement à l'écosystème marin.

L'équipe débriefe sur les observations du matin, tandis qu'Hugo intègre les informations dans la base de données.

une bonne dose de conditionnement mental. Hugo rompt soudain le silence méditatif bercé par les clapotis : « *Dauphins à tribord, j'en suis sûr !* » L'équipage manœuvre et prend alors des clichés de ces nouveaux animaux. « *Deux bancs de dauphins en une journée, c'est vraiment rare !* », s'enthousiasme Hélène en bondissant sur le pont.

Est-ce que ce sont les mêmes que ce matin ? Difficile à dire pour l'instant. Hugo saisit la tablette et rentre les détails des observations dans une base de données. Cette plate-forme centralise toutes les observations également réalisées par les gestionnaires d'aires marines protégées (AMP) comme les parcs naturels, sites Natura 2000, etc. « *Cette centralisation d'informations qui proviennent de différents acteurs donne une vision globale des déplacements des grands dauphins à l'échelle méditerranéenne,* explique Hélène. *Cela n'existe pratiquement nulle part ailleurs de manière aussi formelle.* » Chaque gestionnaire peut utiliser les résultats issus de ces données pour agir sur ses problématiques propres. « *Cela peut être la surpêche, la pollution ou encore le bruit* », précise Hélène. Plusieurs de ces souffleurs curieux s'approchent de l'étrave du bateau. L'un d'entre eux se tourne de trois quarts, je plonge alors mon regard dans le sien. L'émotion me saisit, j'ai l'impression de me connecter brièvement à un vaste monde mystérieux et fascinant. M'observe-t-il ? « *Ils sont curieux et regardent parfois, c'est vrai* », répond Hélène avec bienveillance. »»

La nuit tombée, Claire et Hugo préparent le repas pendant que Laurine sauvegarde les photos.

››› Claire et Hélène s'assoient à la poupe du bateau, moteur coupé, et plongent un long câble noir muni d'un micro branché à une enceinte. Un sourire se dessine sur leurs visages à l'écoute des sifflements et des cliquetis. C'est le langage fascinant de ces cétacés qu'ils créent en faisant vibrer des membranes situées sous l'évent, ce petit trou qui leur permet d'expulser l'air. Ces clics d'écholocation servent notamment à chasser et s'orienter. Les enregistrements permettent d'identifier ces comportements. « *Le bruit des activités nautiques peut entraîner l'évitement temporaire ou permanent d'une zone, et perturber les activités vitales de communication, de reproduction et de repos des cétacés* », précise Claire. L'observation de cétacés, ou *whale watching*, est devenue une activité touristique d'ampleur ces dernières années. Si elle permet de sensibiliser au vivant, elle peut être dangereuse pour les cétacés. « *A court terme, on note des changements comportementaux et physiologiques dus à ces activités* », relate Claire, spécialiste de ces questions. A plus long terme, ce dérangement pourrait pousser les dauphins vers des zones plus calmes, mais qui ne répondraient plus à leurs besoins en matière d'alimentation, de reproduction ou de repos.

Après une journée bien remplie, le soleil décline peu à peu. Jérôme met le cap vers le port. Une fois à quai, les vertiges liés à l'ivresse de la mer laissent place au mal de terre. Il est 19 heures, nous échangeons sur les observations du jour autour d'un apéritif et nous préparons le lendemain. Claire cuisine des légumes avec Hugo. A bord d'un bateau avec sept personnes, les liens se créent rapidement. Les espaces réduits et partagés aident rapidement à briser la glace. Le soir venu, chacun s'éclipse tour à tour pour aller reprendre des forces. Je me glisse dans le dernier couchage libre sous l'étrave. Dans la cabine, l'atmosphère est humide et le plafond se situe à seulement quelques dizaines de centimètres au-dessus de mon nez. Claustrophobes s'abstenir !

Pour pallier le dérangement lié aux observations de cétacés, le label *High Quality Whale-Watching®* a été créé à l'échelle internationale. Il établit un cadre de bonne conduite pour respecter la tranquillité des mammifères marins. En France, l'animation est déléguée à Miraceti, qui forme chaque année des opérateurs à suivre une démarche respectueuse.

Changement de décor

Lundi, 7 h 30. Départ pour la Provence, au large de Marseille. L'équipe souhaite prospecter dans un autre contexte géographique. Jérôme annonce huit heures de navigation jusqu'à Carry-le-Rouet, notre prochain port d'attache. Sur le chemin, le vent se lève et la mer se forme. Les conditions d'observation deviennent mauvaises et l'équipage passe en veille attentive. *« On compte les moutons ! »*, plaisante Hélène, en référence à l'écume qui se forme à la crête des vagues. Jérôme hisse la grand-voile avec l'aide d'Hélène et Tom. Le bruit sourd des moteurs laisse place au chant du vent, dénué de toute interférence humaine.

Le grand dauphin fréquente le plateau continental, d'une profondeur de 200 m maximum. Au-delà, c'est le talus continental qui plonge à 2 000 m. Au large de la Provence, ce plateau est plus étroit que dans le golfe du Lion, mais la densité des cétacés y est plus faible. *« On arrive à observer les grands dauphins près des côtes à toute saison. Depuis le début des suivis, on voit toujours 60 à 70 % de nouveaux individus dans les groupes »*, déclare la directrice de Miraceti. *« Une partie d'entre eux transitent depuis l'Espagne, un peu aussi en Corse… »*

PHOTOS : THÉO TZÉLÉPOGLOU

››› *Peut-être que certains vivent partiellement en haute mer et viennent se nourrir saisonnièrement sur le plateau…* » Malgré les dizaines de milliers de kilomètres parcourus depuis une décennie, de nombreuses questions sont encore à élucider. Alors que le projet TURSMED 2 arrive à son terme, « *nous allons bientôt pouvoir enfin analyser nos données* », se réjouit-elle.

Après une journée écourtée par une météo peu propice, nous arrivons à Carry-le-Rouet. Une fois le *Ti Blé* amarré, Tom et moi observons un des deux couples de fous de Bassan qui a élu domicile au bout du ponton qui nous a été assigné. C'est ici qu'ils ont niché pour la première fois en Méditerranée.

Réalité naturaliste

Dernier jour. Je profite des premières lueurs pour photographier les fous. « *Un couple arrive au loin* », dis-je à Tom qui me rejoint à plat ventre sur le ponton.

En quittant le port, l'envie de revoir les dauphins se fait sentir dans les rangs. Cap vers l'île de Planier. L'idée est de suivre la limite entre le plateau et le talus afin d'observer des animaux potentiellement en pêche. De petits ailerons s'agitent à la surface ! C'est en réalité un banc de thons en pleine chasse. Le *Ti Blé* navigue à proximité de radeaux d'oiseaux qui chaloupent au gré de la houle. Les regards alertes des puffins de Scopoli guettent notre approche, qui finit par créer des remous. Goélands et mouettes s'envolent alors pour soutenir le mouvement des puffins, nous assénant au passage quelques remontrances sonores.

La météo n'est de nouveau pas de notre côté. Au milieu des *moutons*, Claire arrive à repérer la nageoire dorsale d'un poisson-lune qui plonge aussitôt à notre approche. Malgré une journée de suivi assidu, pas d'observation de dauphin aujourd'hui non plus. Ni même de signes d'autres espèces comme le dauphin bleu et blanc, du plus rare dauphin de Risso ou des rorquals et cachalots.

En fin de journée, nous entrons dans le port de La Ciotat, entre Marseille et Toulon. Les gigantesques grues du chantier naval contrastent avec la richesse sauvage et épurée du large. Nous passons près des yachts au carénage, cette révision périodique de la coque hors de l'eau. Je réalise que ces engins monstrueusement polluants et à la taille démesurée naviguent inconsciemment au milieu

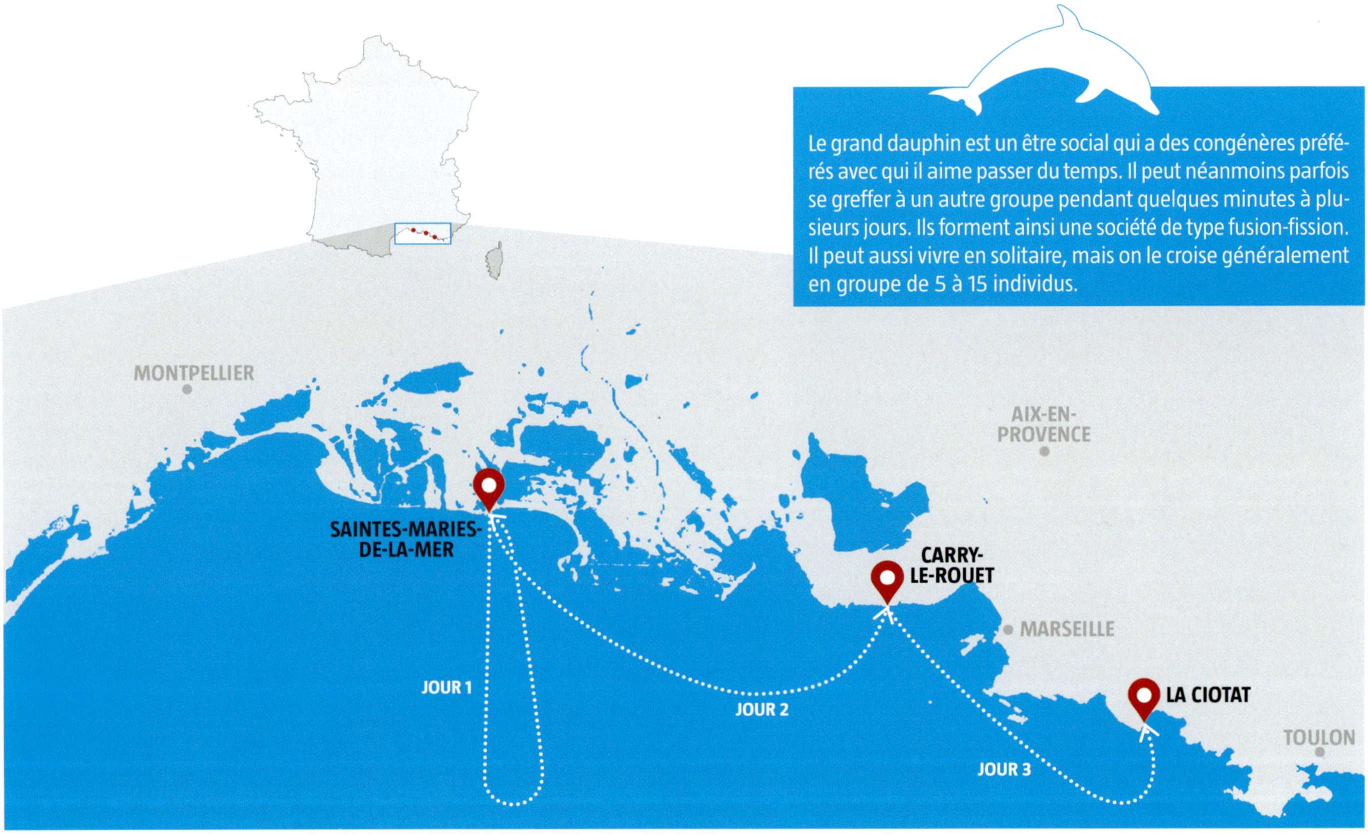

d'écosystèmes fragiles. En seulement trois jours, la mer a eu cette force de lessiver mes préoccupations liées à la société humaine. *« A chaque retour sur terre, quand je lis tous mes mails et l'actualité, je n'ai qu'une envie, c'est de repartir ! »*, me confie Hélène. Ce partage me rappelle qu'être au contact du vivant concourt à l'envie de le protéger. C'est peut-être ce manque d'immersion qui fait défaut aux décideurs. Demain, les infatigables passionnés repartiront œuvrer à la préservation des cétacés. Pour moi, c'est le retour les deux pieds sur terre. **T. T.**

PHOTOS : THÉO TZÉLÉPOGLOU

Hugo Gruette, Tom Noailles, Hélène Lombach, Claire Brofiga, Laurine Gounot et Jérôme Lapouge.

Dauphins en toutes lettres

Qui sont-ils ? Comment s'adaptent-ils à leur environnement si particulier ? Et quels sont les secrets de leur anatomie et de leurs mœurs ? Révélations de A à Z.

Dauphin commun
Méd. et Atlant. Nord-Est

Alimentation

Prédateurs efficaces, les dauphins se nourrissent de poissons de fond qui vivent en bancs. Ils les avalent généralement par aspiration, grâce à une rétractation de la langue et de l'os hyoïde *(> p. 34)*. Ce régime dit *ichtyophage* est souvent complété de manière opportuniste avec des céphalopodes, comme les calmars ou les seiches. Ces mollusques représentent même le menu principal des globicéphales et des dauphins de Risso. Cas particulier, l'orque *(> XXL)* est un superprédateur capable de s'attaquer à des oiseaux de mer et à d'autres mammifères marins.

Bébé

Tous les cétacés *(> Cétacés)* sont vivipares, c'est-à-dire qu'ils mettent bas un jeune totalement formé qui s'est développé dans l'utérus maternel. La gestation dure plus ou moins un an selon les espèces. A sa naissance, le delphineau se nourrit presque exclusivement de lait maternel. Les mamelles sont situées au fond de fentes mammaires, de part et d'autre de la fente génitale.

Dauphin bleu et blanc
Méd. et Atlant. Nord-Est

Globicéphale noir
Méd. et Atlant. Nord-Est

Cétacés

Nom donné à des mammifères aquatiques essentiellement marins, mais pas que *(> Fleuve)*, possédant des nageoires pectorales et une queue horizontale. Dauphins, baleines et cachalots font partie de ce groupe, mais les phoques non. Les cétacés sont actuellement représentés par environ 90 espèces dans le monde. Ils comptent parmi eux les plus grands animaux ayant vécu sur Terre, à l'image des 30 m de long et 170 t de la baleine bleue.

DESSINS : CYRIL GIRARD FOND IMAGE : REGINA / STOCK.ADOBE.COM

Delphinidés

Nom donné à la famille des dauphins. La France métropolitaine accueille sept espèces régulières *(> dessins ci-contre)* auxquelles s'ajoutent des visiteuses rares ou occasionnelles. Leur diversité mondiale atteint 36 espèces. Alors que l'imaginaire collectif se représente le dauphin type avec un corps fuselé et un museau saillant, nombre d'entre eux, comme l'orque, les globicéphales ou le dauphin de Risso, montrent une tête arrondie.

Event

Localisé au sommet de la tête des cétacés, cet orifice permet l'expiration. Il est relié aux différents organes du crâne impliqués dans la production de sons, dont les sacs d'air. *(> Melon)*.

Cétacés ressemblant à des dauphins

Fleuve

Certains cétacés, appelés *dauphins d'eau douce,* vivent dans les fleuves ou les estuaires d'Amazonie et d'Asie du Sud. Malgré leur nom vernaculaire, ce ne sont pas des delphinidés. On compte six espèces, dont le boto de l'Araguaia qui a été découvert en 2014 au Brésil. En Amérique du Sud vivent aussi les dauphins de l'Amazone et de la Plata. Les dauphins du Gange et de l'Indus se rencontrent en Inde, tandis que le dauphin de Chine est considéré comme éteint.

Groupe

Les dauphins sont rarement solitaires. Ils suivent une organisation sociale à géométrie variable appelée *fusion-fission*. La taille du groupe est en constante évolution, passant de sous-groupes de quelques individus à une centaine, pour chasser ou se reproduire. Les mères et les individus expérimentés transmettent des règles aux jeunes. Les mâles forment souvent un duo, appelé *dyade*, avec un congénère qu'ils affectionnent en particulier. Les femelles sont davantage socialement tolérantes et opportunistes. Ils échangent de nombreux contacts, y compris des caresses, afin d'entretenir leurs liens sociaux. Les femelles montrent des signes de deuil lors de la perte de leur petit.

ANATOMIE GÉNÉRALE EXTERNE DE GRAND DAUPHIN

Hydrodynamisme

Outre un corps fuselé, fruit d'une longue évolution dans le milieu aquatique, et des muscles puissants de part et d'autre des vertèbres, les dauphins possèdent une peau très spéciale. L'abondance de nombreux orifices rend le derme spongieux et élastique. Cette souplesse permet à la peau de neutraliser les turbulences de l'eau qui se forment à son contact et qui pourraient le freiner. L'hydrodynamisme du dauphin lui permet d'atteindre 50 km/h à la seule force des mouvements verticaux de sa nageoire caudale *(> Queue)*.

SQUELETTE DE DAUPHIN

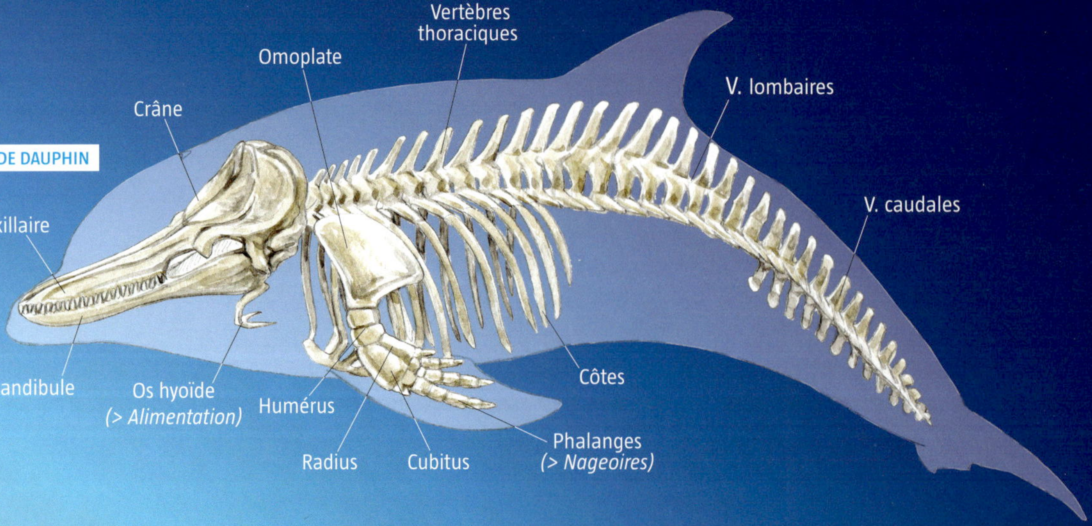

Intelligence

Les dauphins sont doués de facultés comme l'évaluation des quantités, l'anticipation et la planification d'actions, l'empathie, mais aussi la manipulation ou la tromperie. Ces mammifères ont une représentation visuelle et acoustique des objets. Ils recréent une image de leur environnement et sont ainsi capables d'optimiser leurs trajets. Ils utiliseraient des outils comme les éponges de mer pour protéger leur rostre des frottements en milieu rocheux. Enfin, ce sont de bons imitateurs qui peuvent reproduire le langage d'autres individus et même d'autres espèces comme les marsouins.

Jeu

Les dauphins sont curieux et aiment jouer en solitaire ou à plusieurs, parfois avec des objets ou avec des algues. Mais ils peuvent devenir violents durant ces activités. Que penser des individus qui lancent en l'air de jeunes marsouins morts, victimes de leurs attaques ?

Kitsch

Avec les chiens, les chats et les chevaux, les dauphins partagent le palmarès des animaux préférés des humains. Une popularité qui se traduit par d'innombrables illustrations de l'animal bondissant hors de l'eau. Contrairement aux idées reçues, les dauphins qui sautent ainsi ou qui frappent la surface avec leur queue n'expriment pas de la joie, mais plus souvent du stress. Leur rictus trompeur biaise l'interprétation de tels comportements.

Langage

Outre les clics d'écholocation *(> Melon)*, les dauphins émettent des sons pulsés et des sifflements qui leur permettent de s'identifier auprès de leurs congénères. Cette signature est propre à chaque individu. En fin de gestation et à la naissance, le petit va reproduire, d'abord maladroitement, le sifflement de sa mère. Au fil du temps, le son du jeune va se différencier et marquera son identité propre.

DESSINS : CYRIL GIRARD   FOND IMAGE : REGINA / STOCK.ADOBE.COM

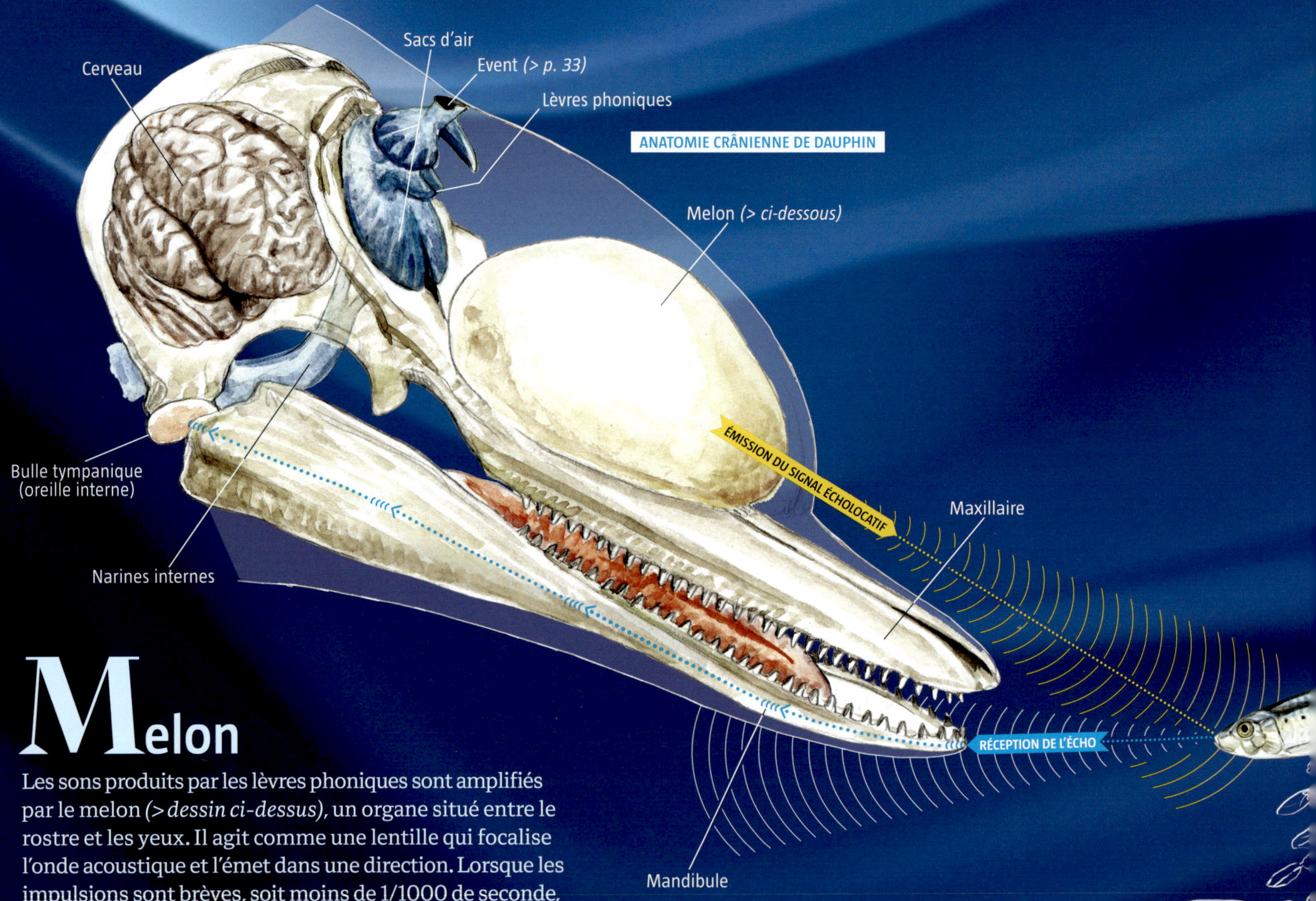

Melon

Les sons produits par les lèvres phoniques sont amplifiés par le melon *(> dessin ci-dessus)*, un organe situé entre le rostre et les yeux. Il agit comme une lentille qui focalise l'onde acoustique et l'émet dans une direction. Lorsque les impulsions sont brèves, soit moins de 1/1000 de seconde, et dans les hautes fréquences – au-delà de 10 kHz – on parle de *clics*. Ce *biosonar* permet au dauphin de cartographier précisément son environnement en émettant des sons et en analysant leur écho, via la mandibule puis l'oreille interne. Il permet aussi de détecter des proies et petits objets jusqu'à 100 m de distance. Les dauphins produisent aussi des *clics* à l'issue d'une chasse fructueuse ou, en ce qui concerne les mâles, pour exciter les femelles.

Nageoires

Malgré leur ressemblance avec celles des poissons, les nageoires pectorales *(> p. 35)* des dauphins ont évolué indépendamment. Elles ont cependant convergé vers une morphologie proche pour répondre aux mêmes contraintes de déplacement dans l'eau. Chez les cétacés, on parle plutôt de *palettes natatoires*. Ces membres osseux sont issus de l'évolution des pattes avant de leurs ancêtres terrestres, lors de leur retour vers le milieu marin, il y a 50 millions d'années.

Odontocètes

Ce sont les cétacés dotés de dents. Ils représentent 90 % des espèces du groupe. Les dauphins en font partie, ainsi que les cachalots, marsouins, baleines à bec, bélugas et narvals. Ces dents permettent de saisir des proies et de les déchiqueter. Les autres cétacés, dits *mysticètes*, comme les baleines, sont équipés de fanons qui filtrent l'eau et piègent du plancton et des petits crustacés.

Prince

Dès le XIIe siècle , on surnommait *dauphins* les comtes et seigneurs du Dauphiné de Viennois – dont l'animal est l'emblème –, une région située pour l'essentiel sur les actuels départements français des Hautes-Alpes, de la Drôme et de l'Isère. Deux siècles plus tard et pour une durée d'environ cinq cents ans, ce titre sera officiellement réservé au fils aîné du roi de France.

DESSINS : CYRIL GIRARD FOND IMAGE : REGINA / STOCK.ADOBE.COM

Queue

Contrairement aux poissons, comme les requins, la nageoire caudale – ou palette – des cétacés est horizontale. Autre différence, elle est dite *homocerque*, c'est-à-dire que ses deux lobes sont symétriques. A l'instar de l'aileron et contrairement aux nageoires pectorales, la queue ne contient pas d'os, mais uniquement des tissus fibreux rigides.

Réglementation

La captivité des cétacés est connue depuis le XIXe siècle, mais le premier parc d'exhibition de ces animaux apparaît en 1948 en Floride, puis en Angleterre en 1964. Dès 1972, les dérives de ce business aboutissent au Marine Mammal Protection Act, signé par le Congrès américain. Dans la foulée, en 1976, la Commission baleinière renforce la loi autour des cétacés. Une partie de l'opinion conteste la détention des dauphins et les règles se durcissent. Le dernier delphinarium du Royaume-Uni ferme en 1993. A ce jour, seuls six pays ont interdit la captivité des cétacés. La Suisse, qui n'abrite aucun animal de ce genre, a récemment interdit leur importation. En France, il reste 23 grands dauphins et 4 orques en captivité. La détention et les spectacles y seront toutefois interdits à partir de 2026.

DAUPHINS COMMUNS EN CHASSE DANS UN BANC DE SARDINES

DEUX GRANDS DAUPHINS S'ACCOUPLENT, ESCORTÉS PAR DEUX MÂLES HARCELEURS

Sexualité

Les ébats des dauphins étonnent et fascinent. En premier lieu parce qu'ils seraient aussi source de plaisir. Les femelles possèdent un clitoris érectile qu'elles sont capables de stimuler par l'intermédiaire d'autres partenaires ou seules en se frottant sur le sable. Les actes entre dauphins du même sexe sont en outre très réguliers. Plus étonnant encore, les jeunes dauphins mâles s'exercent sur leur mère qui encourage ces pratiques d'éducation sexuelle. Les relations interspécifiques seraient également sollicitées, y compris envers des humains ! Enfin, oublions l'image du gentil animal puisque, chez les grands dauphins par exemple, les mâles s'adonnent au harcèlement et aux viols en bande organisée…

Thérapie

La thérapie assistée par les dauphins, ou delphinothérapie, a longtemps été utilisée pour améliorer la socialisation des enfants autistes ou des adultes présentant des troubles psychomoteurs, cognitifs ou de la personnalité. Aujourd'hui controversée, elle ne montrerait aucun réel effet pour les humains. De même, elle semble être une source d'inconfort pour les dauphins qui, faut-il le rappeler, ne sont pas des animaux domestiques.

GROUPE DE DAUPHINS BLEU ET BLANC

Uni-hémisphérique

Le sommeil des dauphins consiste à reposer alternativement une moitié du cerveau pendant que l'autre reste éveillée. Ce fonctionnement se traduit par le fait que ces animaux ne dorment littéralement que d'un œil.

Vingt millions

C'est, en années, l'âge des ossements fossiles de dauphins retrouvés sur l'actuel Plateau suisse par des paléontologues de l'Université de Zurich. Les scientifiques ont identifié deux nouvelles espèces pour le territoire helvétique qui, à l'époque, était un paysage marin ponctué d'îles.

Whale watching

Forme de tourisme en expansion depuis les années 1990, qui consiste à observer les baleines et les dauphins depuis des bateaux. La sensibilisation du public et l'apport de revenus financiers souvent supérieurs à ceux de la chasse à la baleine ont montré leur intérêt. En contrepartie, on déplore des abus dans une pratique qui peut facilement devenir perturbante pour ces animaux sauvages. De nombreuses chartes et labels permettent de valoriser les organismes les plus respectueux.

XXL

Le poids lourd de la famille dauphins est l'orque. Certains mâles peuvent mesurer 8 m et peser 5 t. Les femelles, plus petites, atteignent parfois 6 m pour 3 t. Celle qu'on appelle parfois la *baleine tueuse* se répartit tout autour du monde. Elle présente trois types de populations dites *résidentes*, *nomades* et *de haute mer*, dont les comportements sociaux, la taille et le régime alimentaire diffèrent. L'orque peut vivre longtemps, à l'image de Granny, une femelle morte en 2016 à l'âge record de 105 ans, au large des côtes américaines.

GROUPE SOCIAL DE GLOBICÉPHALES NOIRS

Yeux

Les dauphins voient très bien de près et de loin. Ils ont une vision panoramique (130°) que l'on pensait monochromatique. De nouvelles études laissent penser qu'ils distingueraient certaines couleurs, mais sans pouvoir encore préciser lesquelles.

Ziphius

Malgré son apparence de dauphin, la baleine à bec de Cuvier *(> p. 33)*, ou ziphius, appartient à une famille spécifique, les ziphiidés, dont elle est la seule représentante. Pouvant atteindre 7 m et peser 3,5 t, elle est très répandue autour du globe et compterait environ 100 000 individus.

J.-P. P. et **T. T.**

Drame en eaux troubles

L'année 2023 s'inscrit déjà dans les tristes records d'échouages de cétacés sur les plages françaises. Les engins de pêche sont majoritairement responsables de cette hécatombe, et le Gouvernement n'agit pas à la hauteur de l'enjeu. Pêcheurs et scientifiques jouent au chat et à la souris alors que les ONG tiennent le rapport de force. Enquête.

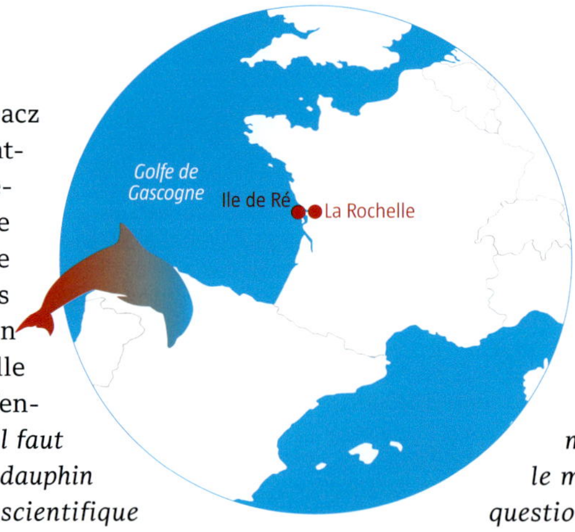

En mai 1982, Gregory Ziebacz est affecté à la brigade de Saint-Martin-de-Ré, en Charente-Maritime. Tout juste sorti de l'école de gendarmerie, il ne connaît ni le territoire ni les coutumes, et il est encore un peu perdu quand on l'appelle pour rejoindre Rivedoux, à l'entrée de l'île. *« On me dit qu'il faut venir protéger une carcasse de dauphin sur la plage, le temps qu'un scientifique vienne l'analyser,* se souvient-il. *Je découvre alors stupéfait une dépouille toute jaune, pourrie, puante et informe. »*

Un gendarme désarmé

Quelques mois plus tard, nouvel appel. Encore un cadavre en décomposition. Chaque fois, le brigadier accompagne sur place Raymond Duguy. Ce médecin passionné de sciences naturelles s'est spécialisé dans la mammalogie marine, suite à un échouage massif de globicéphales noirs sur l'île d'Yeu, en 1963. Il est le fondateur du Centre national d'étude des mammifères marins (CNMM) de La Rochelle. *« Arrivé sur le terrain, il constatait le drame puis me demandait de participer avec une pince au prélèvement, de mettre l'échantillon dans une pochette et de remplir une fiche »*, se souvient Grégory Ziebacz. D'une dépouille à l'autre, l'opération devient une routine pour le gendarme qui, malgré l'aspect *« crapoteux et puant »*, commence à considérer différemment sa mission.

> « Leurs couleurs me fascinent, j'apprends à distinguer le mâle de la femelle. Je me pose des questions que je ne m'étais jamais posées. »

Aussi, par un matin d'hiver rigoureux de février 1991, la donne change. Gregory Ziebacz est en repos quand le Dr Duguy l'appelle : *« Je suis très embêté, j'ai dix dauphins à examiner à l'île de Ré, autant à La Rochelle et en Vendée. »* Illico, le gendarme nautique enfile sa veste de quart. *« Sur la plage de Saint-Clément-des-Baleines, on trouve un dauphin commun presque intact, blessé sous la gorge. Les suivants sont tout beaux aussi. Leurs couleurs me fascinent, j'apprends à distinguer le mâle de la femelle. Je me pose des questions que je ne m'étais jamais posées auparavant. »*

Saisissant l'anormalité de cet échouage sur toute la côte sud de l'île, Gregory Ziebacz interroge le Dr Duguy. *« Ils se prennent dans les filets de pêche »*, lui répond-il avant d'ajouter : *« Vous connaissez le protocole, je vous laisserai faire les échouages tout seul dorénavant. »* Le gendarme réalise que ces demandes s'intègrent dans le cadre de ses missions, au registre des atteintes à l'environnement. Il rejoint le Réseau national Echouages (RNE), composé de volontaires formés par le Dr Duguy depuis dix ans.

A cette époque, les médias expliquent encore que les dauphins meurent bêtement parce qu'ils ne savent plus nager les jours de gros temps…

Une hécatombe documentée

Au fil du temps, les échouages se multiplient et les observateurs du RNE sont désormais près de 500 à intervenir sur les 5 800 km du littoral français. Le réseau se professionnalise. Les analyses sont transmises au CNMM, qui devient en 2011 l'Observatoire Pelagis, une unité du CNRS et de l'Université de La Rochelle. Des chercheurs utilisent ces données pour suivre l'état des populations de mammifères marins, d'autres se concentrent sur des suivis en mer, en avion bimoteur ou en bateau.

Leur travail établit que 90 % des dauphins communs trouvés sont morts en raison de *« captures accidentelles »* survenues entre trois et vingt jours avant leur découverte. Les corps montrent des traces de maillage d'engins de pêche ou des blessures fatales »»

Un grand dauphin de plus de 3 m s'est échoué sur une plage de la côte atlantique. La cause de la mort, encore inconnue, sera identifiée par l'observatoire et institut de recherche Pelagis.

MAYLIS ROLLAND (X3)

Une bénévole du réseau compte et prélève les dents d'un cétacé pour déterminer l'espèce. Les stries de croissance dans les racines permettront de déterminer son âge.

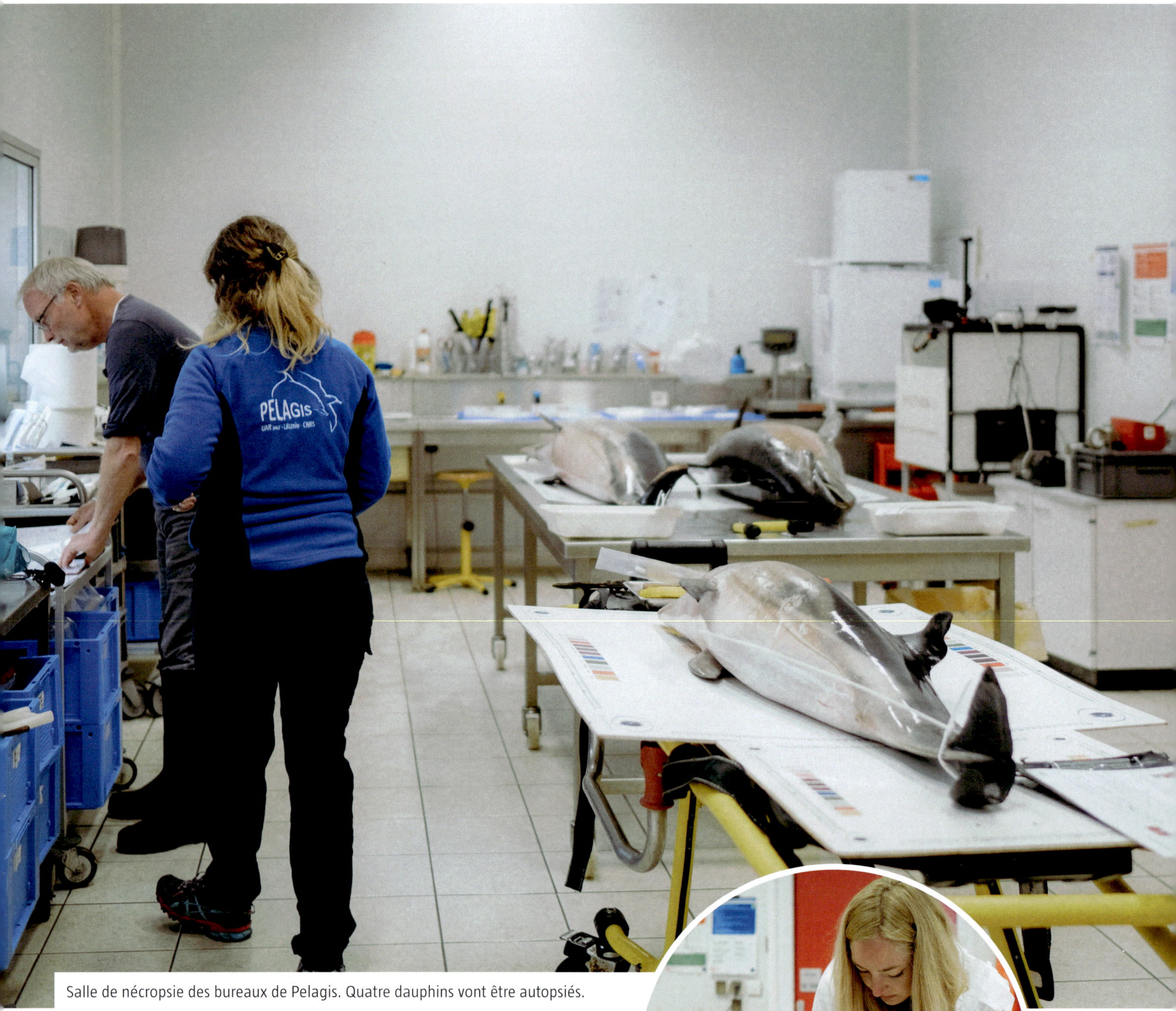

Salle de nécropsie des bureaux de Pelagis. Quatre dauphins vont être autopsiés.

Ce dauphin commun présente un hématome qui couvre toute sa face ventrale. La blessure indique un choc avant la mort de l'animal, certainement lié à un engin de pêche.

MAYLIS ROLLAND (X3)

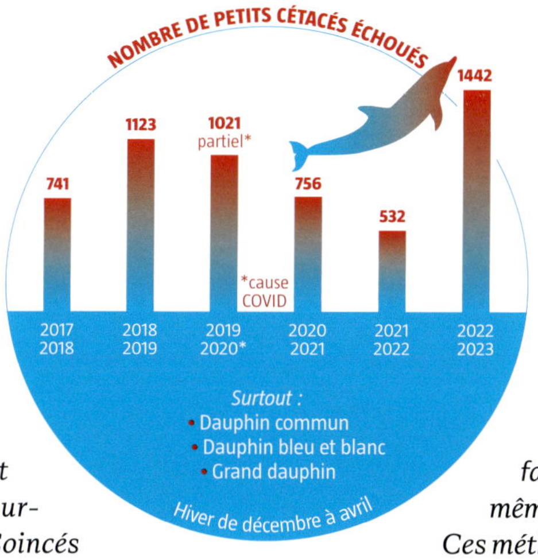

››› causées par la manipulation à bord des navires : fractures, abrasions, coupures, perforations ou amputations. *« Les dauphins sont sains et généralement en train de se nourrir au moment de leur capture. Coincés dans un filet, ces mammifères décèdent par asphyxie »*, détaille Hélène Peltier, ingénieure de recherche à Pelagis.

Problème : les épisodes de surmortalité se multiplient à la fin de l'année 2016, avec des échouages 30 fois plus importants que la moyenne. Le laboratoire tire la sonnette d'alarme, car cette recrudescence encore inexpliquée menace la survie des populations à moyen terme. Il est urgent de comprendre ce qu'il se passe.

Vous avez dit accident ?

Sur l'île de Ré, Gregory Ziebacz s'inquiète aussi. Depuis 2010, le gendarme avait pris l'habitude de partager avec émerveillement sa passion pour les dauphins dans l'*Œillet des dunes*, le journal de l'association naturaliste Ré Nature Environnement. A partir de 2017, le ton change dans ces pages et l'hécatombe de dauphins apporte un contenu de plus en plus *trash*. On n'y célèbre plus le vivant, mais on y dénonce, photos à l'appui, une réalité crue à laquelle le public reste encore indifférent.

Pour Dominique Chevillon, cofondateur de Ré Nature, ces captures ne sont pas accidentelles : *« Quand à la même saison, au même endroit, on sait qu'on risque de capturer du dauphin, ce n'est pas vraiment intentionnel, mais ce n'est pas non plus du domaine de l'imprévisible. Ce problème structurel engage de fait la responsabilité des pêcheurs. »* Las, il décide de mobiliser le réseau national d'ONG.

Faire la lumière

Peu de temps après, Sea Shepherd lance l'opération *Dolphin Bycatch*. A l'époque, on ne sait pas quel type de pêche génère ces *« prises accessoires »* et seulement 0,4 % d'entre elles sont déclarées par les pêcheurs, pourtant légalement tenus de le faire. A bord du *Sam Simon* ou d'embarcations semi-rigides, les bénévoles sillonnent la mer. *« En général, nous partons vers 2 h ou 3 h du matin »*, explique Damien Chaumillon, impliqué depuis ses débuts dans l'opération, avec des milliers d'heures de prospection à son actif. En zone de pêche, les activistes utilisent l'application *Marine Traffic* pour suivre les bateaux. *« Nous signalons notre présence et nos intentions de filmer la remontée des filets. S'il y a des dauphins, on partage nos images sur les réseaux sociaux. »* Cet hiver, le trentenaire a pu filmer la capture de 19 dauphins sur dix navires différents. Un triste record qui explique pourquoi l'ONG expose publiquement des corps de cétacés mutilés. *« Beaucoup pensent que ce sont de faux dauphins, certains découvrent même l'existence de dauphins en France. Ces méthodes choquent, mais elles sont nécessaires pour sensibiliser le public. »* L'activiste précise mettre en cause les techniques de pêche et non les pêcheurs eux-mêmes.

Politiques à la traîne

Les campagnes médiatiques offensives, fondées sur des rapports scientifiques et portées juridiquement par diverses ONG, commencent alors à faire bouger les lignes. En juillet 2020, le tribunal administratif de Paris condamne la France pour carence dans le respect de ses obligations de protection des cétacés et de contrôle des activités de pêcherie. Le même jour, la Commission européenne met l'Etat en demeure d'agir pour réduire les prises dans le golfe de Gascogne. La ministre de la Mer Annick Girardin présente alors un plan d'action notamment fondé sur la mise en place de répulsifs acoustiques sur les chalutiers.

« Il s'agit maintenant d'analyser les interactions entre pêche et dauphins à l'échelle de l'écosystème. »

En 2021, le projet Delmoges démarre. *« L'essentiel de la recherche se concentrait sur la mesure de la surmortalité »*, explique Clara Ulrich, directrice scientifique adjointe à Ifremer, organisme partie prenante du projet. *« Il s'agit maintenant d'analyser les interactions entre pêche et dauphins à l'échelle de l'écosystème tout entier. »* Les premiers résultats montrent que les populations de dauphins sont plus dispersées. *« Un groupe moyen compte une dizaine d'individus, contre 20 il y a dix ans »*, détaille Hélène Peltier de l'institut Pelagis. Les animaux se déplacent aussi plus près des côtes, ce qui explique que les pêcheurs de merlu ou de lotte ont l'impression d'en voir plus qu'avant. *« Le manque de transparence du monde de la pêche rend malheureusement notre tâche très compliquée »*, regrette l'ingénieure. Début 2023, un pic d'échouage record a poussé les scientifiques du Conseil international pour l'exploration de la mer (CIEM) à publier un avis indiquant que *« la seule mesure efficace est d'abord de suspendre les pratiques de pêche concernées dans les zones à risque pendant les quatre mois d'hiver »*. ›››

2016
Un rapport signé par le CNRS, Pelagis et l'Université de La Rochelle stipule que l'impact des bateaux de pêche menace la population des dauphins à moyen terme.

2011
Un arrêté, en France, interdit toute forme de destruction des mammifères marins sauf… en cas de *« captures accidentelles dans des engins de pêche »*.

2019
Mise en place d'un système de déclaration des captures. C'est une obligation légale, mais moins de 0,4 % des captures sont déclarées à cette époque.

2002
La Direction des pêches maritimes et de l'aquaculture (DPMA) met en place un observatoire des captures à bord des navires de pêche.

2021
Les *pingers* – dispositifs acoustiques destinés à éloigner les cétacés – sont obligatoires pour tous les chalutiers, mais la mesure peine à être respectée.

1976
Les dauphins sont concernés par différents textes : Convention de Berne, Convention de Bonn, liste rouge de l'Union internationale pour la conservation de la nature (IUCN) et Convention sur le commerce international des espèces de faune et de flore sauvages menacées d'extinction (CITES).

2023
La LPO expose symboliquement 400 photos de dauphins sur l'esplanade des Invalides à Paris pour sensibiliser l'opinion publique et l'Etat français.

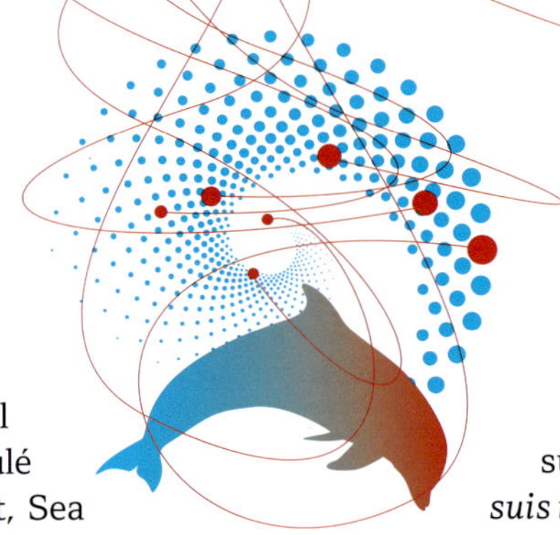

››› Le 24 février 2023, le Conseil d'Etat donne raison au recours formulé par France Nature Environnement, Sea Shepherd France et l'association Défense des milieux aquatiques. La France a six mois pour écarter de certaines zones et à certaines périodes les navires qui capturent des dauphins.

Une profession acculée

Sur le terrain, ces décisions créent des remous. La présence de Sea Shepherd en mer provoque des réactions parfois virulentes. Cette année, par exemple, un cadavre de dauphin a été retrouvé avec le corps lacéré d'une insulte à leur encontre. Fin mars, Damien Chaumillon et un autre membre de cette ONG sont passés à tabac par des pêcheurs à Saint-Gilles-Croix-de-Vie. Lamya Essemlali, directrice de Sea Shepherd France, reçoit des menaces à son domicile.

> *« J'ai remonté neuf fois du dauphin, mais je n'ai rien déclaré. Je ne veux pas être traité d'assassin. »*

« Ce genre d'attitude met toute la profession en porte-à-faux, déplore Sandrine Thomas, pêcheuse et militante écologiste. *Dans le contexte actuel, tout est perçu comme une attaque personnelle. »* A ses yeux, la question des dauphins s'ajoute à d'autres préoccupations, comme la réglementation des aires marines protégées, la hausse du prix du gazole, l'éolien en mer… *« Notre image est désastreuse, mais nous devons sortir de l'omerta : je ne valide pas le mensonge de mes collègues, quand il y a des marques de capture, il n'y a pas de place pour le déni. »* En dix-sept ans de pêche à la ligne, cette femme revendique n'avoir jamais capturé un seul dauphin. Ce n'est pas le cas de son collègue, fileyeur artisanal sur un bateau de 9 m. *« Quand je me suis installé à mon compte il y a cinq ans, ça a été un carnage. J'utilisais des trémails, des filets à lottes. J'ai remonté neuf fois du dauphin, mais je n'ai rien déclaré »*, concède-t-il. Depuis, il ne veut plus prendre de risques : *« Je ne veux pas être traité d'assassin, je fais désormais du maquereau à la ligne. »* Ce qui ne l'empêche pas de cultiver une rancœur à l'égard des chalutiers géants et de ceux qui posent 200 m de filets.

En attendant, le Comité national des pêches a organisé deux journées « filière morte » les 30 et 31 mars. Sur les tracts diffusés à l'occasion, les marins pêcheurs se comparent à une espèce en voie de disparition : *« Nous sommes étouffés par l'Europe, harcelés par les ONG et menacés de ne plus pouvoir travailler. »*

Quelles solutions ?

Pour Pelagis, le déni de certains pêcheurs agace. *« Quelques-uns ont assisté à des autopsies, mais s'en prennent quand même à nous… un peu comme si on accusait les scientifiques du GIEC du réchauffement climatique ! »*, déplore Hélène Peltier qui rêve d'un futur sans échouages. *« Nous ne devrions pas en être là : le Comité national des pêches et les autres instances de la profession auraient dû s'organiser depuis longtemps pour trouver des solutions viables »*, regrette Thibault Josse, de l'association Pleine Mer, qui promeut une pêche artisanale responsable. Pour la pêcheuse Sandrine Thomas, *« le problème des dauphins révèle une profession qui doit s'adapter et faire évoluer ses façons de travailler pour une pêche plus sélective »*. Dominique Chevillon, engagé au sein de plusieurs ONG, se demande, quant à lui : *« Comment sauver les autres espèces si on n'est pas foutu d'épargner celle qui a le plus fort capital sympathie auprès de l'opinion ? »* De son côté, le gendarme Gregory Ziebacz attend toujours que la loi soit simplement appliquée… **A.-S. N**

A Nantes, les activistes de Sea Shepherd France exposent deux dauphins communs capturés accidentellement dans le golfe de Gascogne.

MAYLIS ROLLAND (X3)

Les dauphins sont souvent capturés lors de la pose de filets d'une longueur de plusieurs kilomètres. Les interactions entre navires de pêche et cétacés sont nombreuses en hiver.

Aller plus loin

Frères ennemis

Le face-à-face entre dauphins et requins est parfois sanglant. Ils sont voisins, se connaissent, se guettent et... se mangent. Mise en bouche par Marc Mortelmans, podcasteur de Baleine sous Gravillon.

Sur les 540 espèces de requins, seules les plus grosses constituent un danger pour les dauphins. Parmi eux, les requins blanc, bouledogue, tigre, marteau, longimane ou mako.
Les blessures constatées sur les dauphins indiquent que ces requins attaquent en général par surprise, par en dessous ou par-derrière. Selon les endroits, 20 à 75 % de ces cétacés portent des cicatrices attribuables aux poissons carnassiers. Les requins ciblent surtout les jeunes et les malades. Près de quatre delphineaux sur dix ne survivent pas à leur première année. Beaucoup sont victimes des grands requins... mais aussi des orques, des fausses orques ou des globicéphales.

Mais, inversement, les dauphins peuvent aussi représenter un danger mortel pour les requins. Ces cétacés grégaires ont l'avantage du nombre, contrairement aux requins, souvent solitaires. Les dauphins entourent les plus faibles et attaquent ceux qui s'approchent. Ensemble, les dauphins peuvent mettre à mal un grand requin à coups de rostre et détériorer ses branchies ou ses organes internes. Leur caudale horizontale rend les dauphins beaucoup plus agiles pour des mouvements vers le haut ou le bas que leurs ennemis poissons, plus limités par leur queue verticale.

BLUE PLANET ARCHIVE / ALAMY

**Podcasts de *Baleine sous Gravillon* :
morceaux choisis spécial dauphins et cétacés**

- Cétacés, des mammifères terrestres qui retournent à l'eau > bit.ly/cetaces3_BSG
- Orques, marsouins, dauphins... les odontocètes ou baleines à dents > bit.ly/cetaces5_BSG
- Les dauphins d'eau douce > bit.ly/cetaces6_BSG
- Les cétacés taillés pour la glisse > bit.ly/cetaces8_BSG
- La communication chez les mammifères marins > bit.ly/bioac_3_baleine_BSG
- Enquête sur les 3 000 cétacés captifs dans le monde > bit.ly/delphinariums_BSG

Baleine sous Gravillon
Les podcasts du Vivant
> baleinesousgravillon.com

A lire

Journal de bord d'un cétacé

Mieux vaut un bon dessin qu'un long discours. Avec ce roman graphique, Anne Defréville arrive à réaliser les deux. En s'appuyant sur l'expertise de Miraceti, l'illustratrice brosse un panorama exhaustif de la biologie et de la phylogénie de ces mammifères marins.

Mémoires d'un cétacé : Biologie, écologie et conservation, A.Defréville, éd. Delcourt, 136 p., 2023

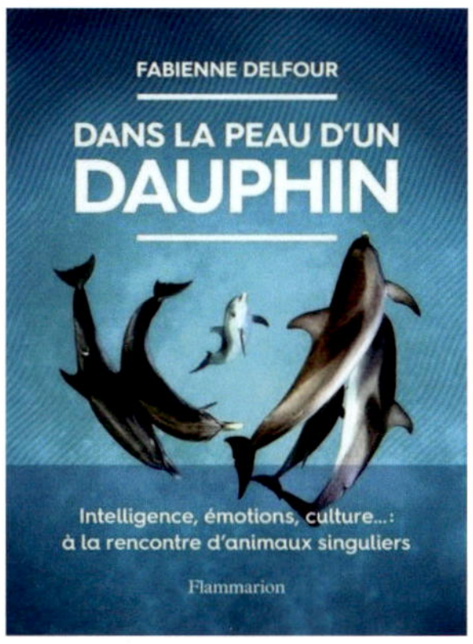

Une vie avec les dauphins

A travers histoires et anecdotes personnelles, la cétologue Fabienne Delfour parvient à nous immerger dans l'univers captivant des dauphins. Complet et agréable à lire, cet ouvrage dresse un portrait complet de la biologie et du comportement de ces cétacés.

Dans la peau d'un Dauphin, F.Delfour, éd. Flammarion, 320 p., 2023

Atlas des mammifères marins de France

Avec 11 millions de km² de domaine maritime, la France et son outre-mer héberge 71 espèces de mammifères marins. Découvrez leur biologie et l'état de santé de leurs populations dans de riches monographies.

Atlas des mammifères sauvages de France, Vol.1 Mammifères marins : A. Savouré-Soubelet *et al.*, Muséum d'histoire naturelle, Paris, IRD, Marseille, 480 p., 2016

La *Revue Salamandre* remercie chaleureusement l'association Miraceti pour son accueil chaleureux à bord du *Ti Blé*.

Ursin urbain

Le photographe suisse Neil Villard est fasciné par les grands fauves qu'il piste sans relâche. Il dévoile en exclusivité ses images d'ours aux mœurs citadines dans les Carpates.

PHOTOS **NEIL VILLARD** PROPOS RECUEILLIS PAR **JEAN-PHILIPPE PAUL**

• **2 h 16** *« Attentive, la jeune mère n'a de cesse de guetter alentour. Les chiens errants représentent une menace certaine pour son ourson né durant l'hiver. »*

• **23 h 04** • **23 h 58** *« Au cœur de la nuit, quand la ville dort profondément, d'étranges ballets d'ombres chinoises s'animent dans les ruelles peu éclairées. Renard et hérisson forment un duo improbable. »*

• **4 h 20** *« De fausses lunes jaunes éclairent un ourson en errance. Ce comportement qui peut paraître extraordinaire est régulier en Roumanie. Il semble néanmoins déranger de plus en plus la société. Alors que certaines mesures pourraient être prises pour limiter ces incursions, l'abattage de plus de 400 ours est envisagé cette année. Une réponse démesurée à mes yeux. »*

• **2h25** *« Cette ourse habituée à fouiller les poubelles des humains transmet son savoir à son ourson. Que restera-t-il des facultés de ce jeune à se nourrir de la forêt ? »*

Neil Villard
Naturaliste et photographe professionnel au Pâquier (NE), en Suisse.
neilvillard.ch

« Naturaliste de terrain depuis mon plus jeune âge, j'ai toujours été animé par cette passion des grands prédateurs et par leur pistage. C'est aujourd'hui une des composantes essentielles de ma vie de photographe. Après une pause de presque dix ans où je me suis consacré au lynx chez nous en Suisse, je n'ai pas résisté à l'appel d'autres félins de l'hémisphère nord. Puis, tout récemment, l'envie de repartir sur les traces de l'ours m'a de nouveau obsédé. Cela m'a guidé vers les plantigrades aux mœurs urbaines dans une petite ville des Carpates roumaines. Dans ce contexte à la fois triste et fascinant, j'ai eu envie de documenter la résilience extraordinaire de cet animal. Dans l'univers fantomatique de ruelles mal éclairées, je guettais les silhouettes rondes des ours expatriés. Ces instants loin de la forêt m'ont conforté dans l'idée que j'étais indissociablement lié à elle.

MICHEL POINSIGNON / BIOSPHOTO

Démente, la mante !

Embusquée sur son brin d'herbe, la mante religieuse* est parfois bien camouflée. Mais elle se laisse observer, à condition de suivre quelques conseils.

PAR **DAVID MELBECK** redaction@salamandre.org

* Pas si pieuse

Insecte au faciès énigmatique, la mante est un redoutable prédateur de la jungle herbue. Comme tous les représentants de l'ordre des mantoptères, elle possède deux pattes ravisseuses bardées d'épines acérées, qu'elle déploie en un éclair pour capturer ses proies. Leur position repliée, comme si elle priait, a valu à la mante la plus commune de nos régions son nom de ***religieuse**, ou *Prie-Dieu* en Provence. La femelle est connue pour ses amours sanguinaires qui font littéralement perdre la tête aux mâles… qui finissent souvent en casse-croûte lors de l'accouplement.

Quand ?

Entre août et novembre, après sa septième mue, la mante devenue adulte – on parle d'*imago* – a atteint sa taille définitive et s'accouple. Elle est alors plus visible, notamment la femelle qui s'apprête à pondre avec son abdomen fort gonflé.

Plusieurs créneaux sont possibles. Elle est diurne et très active de la mi-journée jusqu'à la fin de l'après-midi. Le soir, elle grimpe souvent sur une tige en hauteur pour passer la nuit.

Les **journées ensoleillées et chaudes** sont préférables pour débusquer la bête. Comme ses cousins criquets et sauterelles, elle est alors plus active et volontiers volante.

Où ?

La mante est thermophile : elle aime les endroits chauds, secs et ensoleillés. Explorez les broussailles, les herbes folles, les friches bien exposées et les prairies sèches.

Matériel

Rien d'indispensable, mais si vous l'approchez suffisamment, une loupe vous offrira un face-à-face étonnant avec la mante. Une petite paire de jumelles sera utile pour une observation à quelques mètres.

200-300

C'est le nombre d'œufs pondus par la femelle. Avec son abdomen, elle confectionne sur divers supports un nid de mousse isolante qui durcit rapidement. Ce drôle de cocon de 4 cm de long sur 2 cm de large est appelé *oothèque* – littéralement « boîte à œufs » en grec – et protège la ponte jusqu'à l'éclosion en mai-juin.

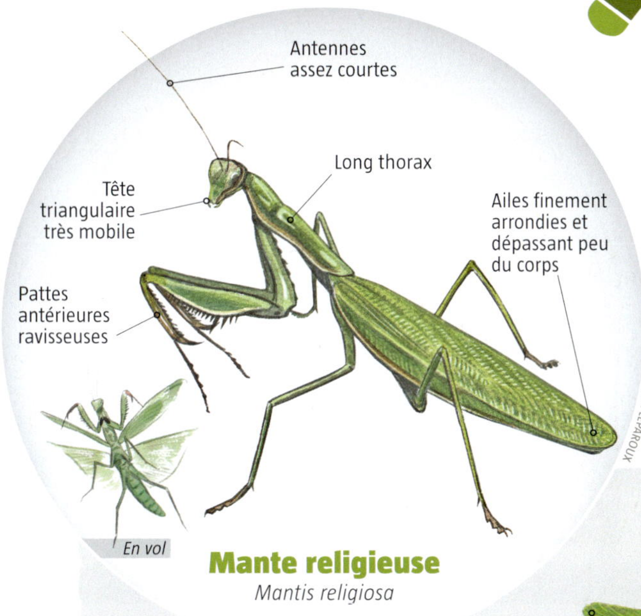

Mante religieuse
Mantis religiosa

Règles d'or

Observez-la idéalement sur son perchoir, sans la manipuler : vous éviterez ainsi de la blesser si vous n'êtes pas aguerri. Pour la favoriser au jardin, réservez un espace en friche et buissonnant.

La bonne idée

Recherchez-la à vue en scrutant attentivement le sommet des grandes herbes et des tiges sèches. La mante, très mimétique, est d'une couleur similaire à celle de son support. Elle peut rester immobile ou chercher à se dissimuler lorsque vous passez à proximité.

Grande sauterelle verte
Tettigonia viridissima

Le défi

Fin d'été. Un insecte couleur herbe décolle devant vos pas ? Mante ou grande sauterelle verte ? Malgré leur ressemblance superficielle, ces créatures appartiennent à des groupes différents : la sauterelle est un orthoptère, comme les grillons et les criquets.

Aller plus loin

Histoires surnaturelles
La mante (*ou tigre de l'herbe*) fait partie des 20 histoires incroyables illustrées dans ce livre Salamandre.
> bit.ly/HistSurnat

The Pray
Un documentaire court mais spectaculaire pour s'immerger quelques minutes dans la vie passionnante d'une mante religieuse.
> www.salamandre.tv/the-pray

Ceci n'est pas une mante
Différenciez la mante religieuse et l'empuse pennée.
> bit.ly/ManteEmpuse

Hêtre dans le cadre

Compagnon incontournable de nos forêts, le hêtre saura porter vos photos du bout de ses rameaux argentés, avec le plus bel effet.

TEXTES ET DESSINS **LUCAS MICHELOT** PHOTOS **CATHY BERNOT** redaction@salamandre.org

Connaissez-vous les dryades ? Dans la mythologie grecque, elles étaient des divinités mineures liées aux forêts. Les botanistes ont poétiquement repris ce nom pour désigner les arbres et arbustes qui s'épanouissent uniquement dans l'ombre des vieux bois. Eh oui, la forêt évolue avec l'âge. Dans ses premières années, elle abrite des essences de lumière à croissance rapide, mais qui ne vivent pas très longtemps. Puis, d'autres espèces, plus lentes et plus durables, s'installent sous les premiers arrivants. Leur atout : elles tolèrent l'ombre du sous-bois.

A ce jeu-là, nul n'est plus doué que le hêtre. Une jeune pousse peut survivre même si les arbres qui la surplombent bloquent 97 % de la lumière du soleil. Pour capter ces précieux photons, elle alterne savamment ses feuilles de part et d'autre de ses rameaux de manière à ce que les petits *panneaux solaires* vert tendre ne se fassent pas ombrage entre eux. Sitôt que la quantité de lumière augmente – suite à la chute d'un gros arbre, par exemple – le petit feuillu bondit sur l'occasion et sa croissance peut être multipliée par plus de dix ! Objectif : accéder enfin à la canopée.

S'il y parvient, l'arbre victorieux développe un feuillage dense, qui peut compter jusqu'à 5 000 feuilles au mètre carré ! De quoi replonger le sous-bois dans une ombre épaisse, que seuls d'autres patients petits hêtres pourront supporter. C'est pourquoi la hêtraie est le stade ultime de la plupart des forêts de nos régions. Elle couvrirait la majeure partie de l'Europe si l'humain ne venait pas y mettre son grain de sel.

Il y a donc sans doute un hêtre non loin de chez vous. Pourquoi ne pas l'inviter en votre demeure ? Quelques branches mortes, un peu de bricolage, il n'en faut pas plus pour créer chez soi une jolie fenêtre sur le sous-bois. ■

ANAND KUMAR / STOCK.ADOBE.COM

VENCAV / STOCK.ADOBE.COM

HÊTRE

Fagus sylvatica

Habitat : forêts tempérées, surtout les plus fraîches situées en moyenne altitude

Répartition : tout le territoire, à l'exception de l'étage alpin et des zones les plus arides

Partie utilisée : branches, si possible mortes pour ne pas blesser un arbre

Saison de récolte : toute l'année

Cadre photo en hêtre

MATÉRIEL

2 planches de 75 x 9 cm
2 planches de 45 x 9 cm
4 tasseaux de section triangulaire et de 9 cm de profondeur
5-10 branches de hêtre, ramifiées et sans leurs feuilles
Scie ou sécateur
24 vis de 3 cm et un tournevis adapté
10-20 clous de 3 cm et un marteau
Photos imprimées
Punaises de fixation

PRÉPARATION

① **Placez** une planche longue et une planche courte bout à bout à angle droit. Dans l'angle ainsi formé, calez un tasseau et vissez-le à raison de 3 vis par planche, régulièrement espacées.

② **Procédez de même** pour les trois autres angles du cadre.

③ **Coupez** les branches afin qu'elles s'insèrent à l'intérieur du cadre et que chacune de leurs extrémités soit en contact avec une des planches longues.

④ **Disposez** les branches selon votre goût puis clouez-les à travers le cadre.

⑤ **Fixez** vos photos à l'aide des punaises.

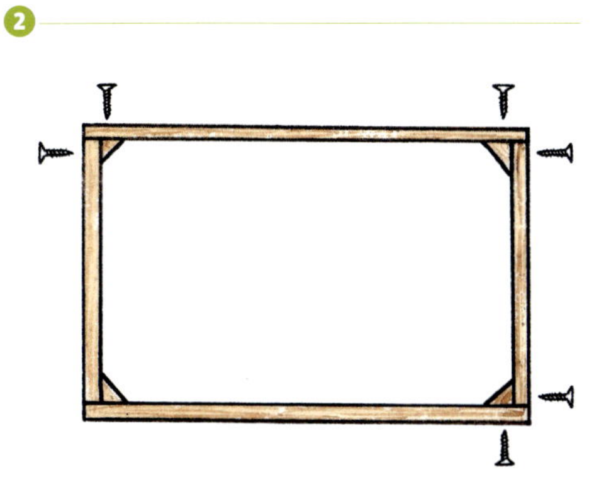

Courrier désirable

Partagez vos moments nature, avis ou questions sur nos réseaux sociaux, par e-mail ou par courrier postal.

@revue.la.salamandre
@salamandre_officiel
courrier@salamandre.org

L'évolution dans un camembert

Votre dossier *L'évolution sous nos yeux (> Sal. n° 262)* propose un jeu très intéressant sur les mutations. Je l'ai utilisé en classe dans le cadre d'un travail interdisciplinaire maths-sciences en secondaire I. Après un cumul de 65 parties pour le groupe, mes élèves ont proposé un graphique présentant leurs résultats. Merci pour ce bel outil ludique qui a permis d'explorer l'évolution et a fait émerger de belles discussions !

Gaétan Pheulpin, Châtillon (Jura)

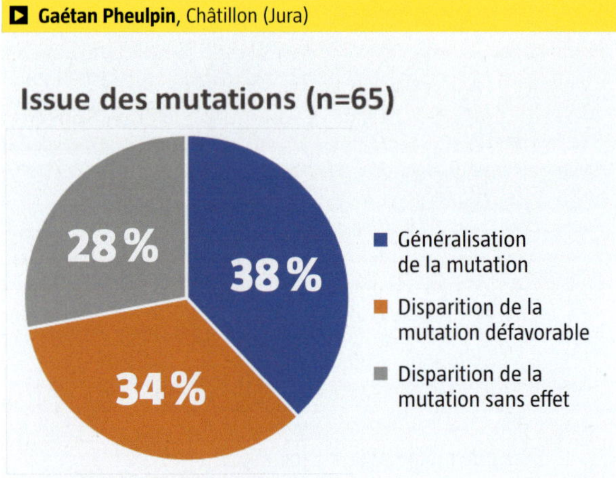

Bravo pour votre excellente démarche ! Si l'évolution est bien un jeu de dés, vous nous démontrez qu'à force de parties, des tendances peuvent se dessiner.

Allô les réseaux sociaux ?

niderianachka J'adore vos petites vidéos *Ceci n'est pas* ! Elles permettent en quelques minutes de réviser ou d'apprendre de nouvelles choses sur des animaux qui nous entourent ! Merci pour ce travail de grande qualité.
J'aime • Répondre • 1 • 20 février

fabwildpix Enfin une approche moins simpliste que « les gentils et les méchants » dans la thématique du loup ! *(> La Minute Nature n° 353, Jean-Michel Bertrand dans les coulisses de son troisième opus* Vivre avec les loups*)*
J'aime • Répondre • 1 • 15 juin

Entraide savante

Dans votre numéro sur l'entraide, vous rapportez les propos suivants de Gauthier Chapelle : *« C'est une Anglaise qui a découvert cette symbiose extraordinaire entre champignons et algues [...]. Vous la connaissez sûrement, c'est la fameuse Beatrix Potter » (> Sal. n° 275, p. 35)*. Pourtant, à en croire l'ouvrage *Jamais seul* de Marc-André Selosse *(> p. 14)*, le botaniste suisse Simon Schwendener avait déjà de sérieux soupçons en 1867, alors que Potter était encore un nourrisson. Evidemment, cela n'enlève rien aux talents de naturaliste et de conteuse de Beatrix Potter, et ne fera pas oublier qu'à la fin du XIXe siècle on refusait encore une communication scientifique de la part d'une femme.

Felip Manyer i Ballester, Perpignan (Pyrénées-Orientales)

Merci pour cette mise au point ! C'est juste, il a fallu que plusieurs scientifiques soutiennent courageusement cette thèse, car elle recevait beaucoup de mépris à l'époque victorienne. D'abord Schwendener, puis Potter qui l'a étayée par ses nombreux dessins scientifiques.

Dans le rouge

Rencontre inattendue dans mon jardin, transformé depuis trois ans en prairie pour plus de biodiversité... Cette mouche aux yeux rouges entre deux abeilles sauvages serait-elle un spécimen de *Sicus ferrugineus* ?

Catherine Bisconte de Saint-Julien, Versailles (Yvelines)

Couleur rouille, face jaune, ailes fumées à base jaunâtre... c'est bien un sicus. Le ferrugineux est le plus commun, mais il a quelques sosies. Si un bourdon venait à visiter cette fleur de centaurée, un drame pourrait se jouer ! Véritable pilote de précision, la femelle sicus pond en vol un œuf sur chaque *Bombus* de passage. La larve dévore le malheureux insecte de l'intérieur, se réservant les organes vitaux pour le dessert. Devenue pupe, elle passe ensuite l'hiver dans la dépouille. *Ouille !*

Yeux de lynx

J'aimerais vous partager une journée mémorable d'immersion en forêt. Alors que pluie et brume s'entremêlent dans la froideur hivernale, tout semble immobile, figé. J'inspire profondément pour m'enivrer des senteurs d'humus qui émanent du sol. Alors que mon regard s'attarde sur le paysage de roches et de mousses, je l'aperçois, élégamment couchée à l'orée du bois. Confiante et détendue, Dame Lynx réchauffe de son corps svelte sa progéniture. Troublé par cette rencontre inopinée, je réalise soudain que ses petits m'observent attentivement. Je suis repéré, démasqué. Les rôles seraient-ils inversés ?

Je recouvre mes esprits, réalisant que je ne rêve pas. Dans un éclair de lucidité, je décide de profiter de ce face-à-face précieux et incongru. Je me distancie pour respecter l'intimité des félins, espérant prolonger cet interlude, et je l'immortalise malgré les conditions peu optimales. Mais c'est surtout dans ma mémoire que j'enregistre minutieusement la magie de l'instant. Heureux hasard ou chance inespérée ? Peu importe, je chéris ce cadeau inestimable. Merci Mère Nature.

Frank Bonvin, Valais central

Magnifique ! Face au danger, le lynx s'immobilise, confiant avec son pelage camouflage. C'est ce qui rend son observation si difficile à l'état sauvage, à tel point que sa quête peut se prolonger de longues années, comme ce fut le cas de Robert Hainard... Avec un *œil de lynx*, un coup de pouce du destin et le respect du vivant gravé en soi, vous nous prouvez que c'est possible.

Boutique Salamandre

L'agenda de la nature au jardin 2024

L'agenda de la nature au jardin est l'aide-mémoire indispensable pour s'immerger dans le vivant au plus près de la maison ou dans le parc du quartier, à travers des conseils et une ambiance graphique zen. En 2024, une attention particulière est accordée aux liens que nous tissons avec la biodiversité.

- Auteurs : Gérard Guillot (textes) et Benoît Perrotin (illustrations)
- Format : 15 x 21 cm, 160 pages
- Un livre Salamandre

Prix TTC :
12 €

A la mer

Collection Le guide nature

Envie de découvrir la grande biodiversité des côtes maritimes d'Europe, avec leurs oiseaux et mammifères mythiques, leurs poissons fascinants et leur flore exceptionnelle ? Ce nouveau guide nature vous prend par la main et vous y emmène !

- Ouvrage collectif sous la direction d'Alessandro Staehli et Franck Bas
- Format : 14 x 18,5 cm, 136 pages
- Un livre Salamandre

Prix TTC :
17 €

DVD

Sous les transats

La vie secrète d'une calanque

Inutile de partir à l'autre bout de la planète pour s'émerveiller : tous les ingrédients d'un fantastique bestiaire sous-marin sont réunis sur nos côtes à portée de palmes. Une nature foisonnante à découvrir pour mieux la comprendre et la protéger.

- Réalisation : Sacha Bollet et Benoît Demarle
- Durée du film : 52 min
- Un film Salamandre

Prix TTC :
20 €